Ludwig
Gschwind

Antonius und das Einhorn

HEILIGE UND TIERE

Ludwig
Gschwind

Antonius und das Einhorn

HEILIGE UND TIERE

Sankt Ulrich Verlag

Bibliographische Information der Deutschen Bibliothek

Die Deutsche Bibliothek verzeichnet diese Publikation in der Deutschen Nationalbibliographie; detaillierte bibliographische Daten sind im Internet über http://dnb.ddb.de abrufbar.

Titelbild: akg-images
Umschlaggestaltung: uv media werbeagentur
Mediengruppe Sankt Ulrich Verlag, Augsburg
Druck und Bindung: Ludwig Auer GmbH, Donauwörth
Printed in Germany
ISBN 978-3-86744-128-5
www.sankt-ulrich-verlag.de

Inhalt

Einhorn und Löwe

Der hl. Antonius

Wer in die Wüste geht, darf tiefe Gotteserfahrungen machen: Mose begegnete in der Wüste Gott. Am brennenden Dornbusch hat er sich ihm geoffenbart. Dort hat er ihn berufen, die Israeliten ins Gelobte Land zu führen. Auf ihrer Wüstenwanderung haben die Israeliten die Nähe Gottes erfahren, aber sie waren auch stets versucht, den Glauben zu verlieren. Selbst Jesus sieht sich nach den 40 Tagen in der Wüste der Versuchung durch den Satan ausgesetzt. Der Teufel greift die Schwachstellen des Menschen heraus und hier greift er an. Jesus hat Hunger, und der Satan rät ihm, ein Wunder zu wirken, um satt zu werden. Der Teufel gibt sich als der Herr der Welt aus und bietet Jesus die Herrschaft an. Der Satan führt Jesus auf die Zinne des Tempels. Durch einen Sturz vom höchsten Punkt, den Jesus unbeschadet übersteht, könnte er zeigen, daß er der Messias ist, und sich damit den Weg des Leidens ersparen. Jesus weist den Versucher jedesmal zurück. Die Versuchung bleibt keinem Menschen erspart. Oscar Wilde meint zwar: „Der beste Weg, eine Versuchung zu überwinden, ist ihr nachzugeben." Aber genau dieser Weg führt in die Katastrophe, wie das Lebensschicksal des englischen Dichters eindringlich zeigt. Einen ganz anderen Weg ging der Einsiedler Antonius. Er ist der Meinung: „Schaffe die Versuchungen ab, und niemand wird gerettet werden."

Der reiche junge Ägypter Antonius verschenkte seinen gesamten Besitz an die Armen, um Jesus nachzufolgen. Er ging in die Wüste, um ein Leben des Gebetes zu führen. Die Wüste wurde für den jungen Mann ein Ort tiefster Gottbegegnung und gleichzeitig, wie sein erster Biograph Athanasius berichtet, eine Auseinandersetzung mit dem Satan. Der Versucher bot alles auf, um Antonius von seinem Weg zu Gott abzubringen. Einsamkeit und Hunger ließen immer neue Trugbilder vor seinem geistigen Auge auftauchen. Natürlich träumte er von festlich gedeckten Tischen, seinen Leibspeisen und erlesenen Weinen. Das alles könnte er haben, wenn er die Wüste verlassen würde. Seine Schwester würde ihn aufnehmen und verwöhnen. Aber das war wohl noch die geringste Versuchung, die er mit einem Schluck Wasser überwinden konnte.

In seiner Phantasie taten sich ganze andere Welten auf. Der Satan führte ihm vor, auf was er alles verzichtet hat, nur um den Himmel zu gewinnen.

Geschickt machte er ihm klar, daß sein innerster Beweggrund, in die Wüste zu gehen, seine Eitelkeit war. Antonius wollte besser sein als die anderen. Daran habe Gott keinen Gefallen. Dem Sünder geht Gott nach. Den Sünder liebt Gott und nicht einen selbstgerechten, ausgemergelten Asketen. Der Satan kennt die Schwachstellen des Menschen …

Und eine solche Schwachstelle ist das Verlangen nach einem lieben Menschen. Wieder sind es die Träume, die Antonius überwältigen, in denen ihm alles vorgeführt wird, was sich an Lust bietet. Antonius bräuchte nur die Wüste zu verlassen und er könnte ein Leben führen, das alle seine Wünsche erfüllen würde. Doch Antonius hält all diesen Versuchungen stand. Er ringt, er kämpft mit den Dämonen der Lust und er überwindet sie. Aber das war kein Kampf von einer Nacht, das waren Kämpfe durch Jahre. Mit der Hilfe Gottes ging er als Sieger hervor.

Das Leben des Einsiedlers und Mönchsvaters Antonius hat nicht nur Athanasius fasziniert, sondern viele andere, die ihn als Vorbild betrachteten und gleichfalls in die Wüste gingen, um den Kampf aufzunehmen. Das Leben des Antonius hat auch die Malerei und die Dichtung beschäftigt. Die Dichtung malt sehr gerne die Versuchungen des heiligen Antonius aus, während die

Malerei die Versuchungen eher als Zwischenstation auf dem Weg zur Heiligkeit betrachtet. Ein Hieronymus Bosch läßt in den Versuchungen des heiligen Antonius die ganze Welt der Dämonen mit schrecklichen Fratzen lebendig werden. Hier wird das Ringen des Mönchsvaters mit dem Reich des Bösen in seiner ganzen Dramatik geschildert. Aber auch andere Maler haben dieses Thema aufgegriffen. Wenn ein Bild der Buchmalerei wie beim Titelbild unseres Buches Antonius mit dem Einhorn zeigt und einem Löwen, dann wird hier das Ringen um Reinheit und Demut ins Bild gebracht. Das Einhorn gilt als Symbol der Jungfräulichkeit und der Löwe als Symbol der Macht. Antonius blickt flehend auf zum Himmel. Von hier erwartet er Hilfe in der Bedrohung durch den Satan. Das auf das Herz gerichtete Horn des Einhorns ließe sich auch deuten als einen Angriff auf das Herz des Einsiedlers, der ihn durch seinen Aufblick zu Gott und das Kreuz auf seiner Schulter abzuwehren vermag. Die Dichter freilich, wie E.T.A. Hoffmann in den „Elixieren des Teufels“ oder Gustave Flaubert in seinem szenischen Roman „La tentation de Saint Antoine“, beschäftigen sich hauptsächlich mit den Versuchungen, wie dies auch durch Komponisten geschieht. Hier wäre Paul Hindemith zu nennen und Werner Egk. Versuchung ist und bleibt ein Thema. Es ist nicht überraschend, daß auch der Film die Versuchungen des heiligen Antonius aufgegriffen hat. Versuchungen gehören zum Menschen und sie wollen gemeistert werden. Wie sagt doch Antonius der Einsiedler: „Schaffe die Versuchungen ab und niemand wird gerettet werden.“

17. JANUAR

Ein Schwein für die Armen

Der hl. Antonius und die Antoniter

Matthias Grünewald hat zu Beginn des 16. Jahrhunderts für die Krankenanstalt des Antoniterordens zu Isenheim einen Flügelaltar gemalt, dessen Bilder vom Tod und der Auferstehung Jesu Weltruhm erlangt haben. Weniger bekannt sind die Szenen aus dem Leben des Einsiedlers Antonius, wie auch der Heilige, trotz seiner Bedeutung, kein solcher Volksheiliger geworden ist wie Antonius von Padua. Das ist auch nicht verwunderlich, denn zeit seines Lebens war er auf der Flucht vor den Menschen, und als er mit mehr als hundert Jahren starb, gab er die Weisung, ihn so zu bestatten, daß man sein Grab nicht finde.

Die 105 Jahre seines Lebens umspannen die schweren Christenverfolgungen des 3. Jahrhunderts bis hin zur Zeit Konstantins mit ihren kirchenpolitischen Umwälzungen und tiefgreifenden theologischen Auseinandersetzungen. Von seinen frühverstorbenen Eltern christlich erzogen hätte sein Leben in den normalen Bahnen eines ägyptischen Großgrundbesitzers verlaufen können, aber als er das Evangelium vom reichen Jüngling hörte, packte ihn das Wort Jesu mit aller Wucht: „Willst du vollkommen sein, geh hin, verkaufe alles, was du hast, gib den Erlös den Armen, dann komm und folge mir nach!“ Er versorgte seine Schwester und verschenkte den Rest seines Besitzes an die Armen. Er wollte Jesus nachfolgen. Nirgends glaubte er ihm näher zu sein als in der Einsamkeit der Wüste. Er verzichtete auf alles, was nicht lebensnotwendig ist. Er schränkte seinen Schlaf ein. Er aß kaum und trank nur etwas Wasser. Er betrachtete es als seine Hauptaufgabe zu beten. Die Versuchungen blieben nicht aus. Welches Leben hatte er aufgegeben! War es nicht Flucht vor der Verantwortung? Hätte er nicht in der Welt mehr bewirken können? Bis in die letzten Abgründe wurde er gestoßen: in Glaubenszweifel und das Gefühl der Gottferne.

Freunde fanden ihn. Antonius war völlig verändert. Sein Haar war weiß geworden. Er strahlte Ruhe aus und es schien, als habe er die Versuchungen ein für allemal überwunden. Jahre später wird er den berühmten Satz sagen: „Schaffe die Versuchungen ab, und niemand wird gerettet werden.“ War es eine Versuchung, als er während der Diokletianischen Christenverfolgung die Wüste verließ und die Christen von Alexandria in den Gefängnissen besuchte, in der Hoffnung, selber zum Martyrer werden zu dürfen? Man wagte es nicht, ihn zu verhaften. War es eine Versuchung, als ganze Scharen zu ihm in die Einsiedelei kamen, um von ihm Rat und Zuspruch zu erfahren? War es eine Versuchung, als junge Männer seinem Beispiel folgen wollten und in seiner Nähe Hütten errichteten? Dies alles hätte ihn stolz machen können, aber er sieht sich nur als armseliges Geschöpf, als Werkzeug in der Hand seines Herrn. Christus tröstet durch ihn. Christus heilt durch ihn. Christus versöhnt durch ihn. Und als selbst Kaiser Konstantin seinen Rat einholt, schreibt er ihm, daß er bedenken möge, auch einen Kaiser erwarte Gottes Gericht. Er solle deshalb gerecht sein und für die Armen sorgen.

In der Auseinandersetzung mit dem Arianismus, der die Gottessohnschaft Jesu leugnete, ergriff Antonius Partei. Noch einmal verließ er die Wüste, um sich in einem flammenden Appell an die Christen von Alexandria zu wenden. Er, eine Legende schon zu Lebzeiten, bekannte seinen Glauben an den menschgewordenen Gottessohn. Das brachte viele zum Nachdenken, aber er konnte die Auseinandersetzungen nur kurzfristig beenden. Daraufhin zog er sich noch weiter in die Wüste zurück. Bald darauf starb er.

Obwohl er denen, die gleich ihm die Einsamkeit suchten, geistliche Führung gab, gründete er keinen Orden. Er war kein Organisator. Trotzdem wurde er zum Mönchsvater, denn seine Schüler schlossen sich zu einer Gemeinschaft zusammen, deren erste Regel aus den Anweisungen des Antonius hervorging. Pachomius, Augustinus und Benedikt haben ihre Regeln für das Gemeinschaftsleben von Ordensleuten aus diesen Anweisungen später weiterentwickelt.

Der Antoniterorden, der den Isenheimer Altar in Auftrag gab und auch in Memmingen eine Niederlassung hatte, entstand in der Zeit der Kreuzzüge im 11. Jahrhundert. Er nahm sich der Kranken und Armen in besonderer Weise an. Gerne wird Antonius mit einem Schwein dargestellt. Das sollte an seine Versuchungen erinnern. Die Antoniter hatten das Privileg, ihre Schweine frei weiden zu lassen und mancherorts hatte ein „Antoniusschwein“ seinen Stall neben der Kirche. Es durfte frei herumlaufen, trug ein Glöcklein um den Hals und wurde von allen gefüttert. Am Antoniustag, am 17. Januar, wurde es geschlachtet und an die Armen der Gemeinde verschenkt. Die Metzger verehren deshalb den Mönchsvater als ihren Patron.

21. JANUAR

Das Mädchen mit dem Lamm

Die hl. Agnes

Bei der Seligsprechung Maria Gorettis 1947 hat Papst Pius XII. auf die Seelenverwandtschaft mit der heiligen Agnes hingewiesen: „Das Antlitz der römischen Märtyrin Agnes und jenes des Mädchens von Corinaldo strahlen denselben Zauber aus… Es ist jedoch zu befürchten, daß die Anmut und zarte Unschuld dieser beiden Mädchen mehr das künstlerische und literarische Empfinden anregen… und die Tapferkeit etwas in den Hintergrund drängen, die ihre charakteristische Tugend ist, jene Tapferkeit, die zugleich Schutz und Frucht der Jungfräulichkeit ist."

An Tapferkeit fehlte es Agnes wahrhaftig nicht. Ein zwölfjähriges Mädchen, in das sich der Sohn des römischen Stadtpräfekten Sempronius unsterblich verliebt hatte, wagte es, diesem einen Korb zu geben. Er war gewohnt, alles zu erhalten, was er sich wünschte. Es galt, den Rivalen auszuschalten, nachdem ihm Agnes versichert hatte, sie sei bereits versprochen. Ihr Bräutigam heiße Jesus Christus.

Mit diesem Jesus Christus würde er schon fertig werden, dachte der Sohn des Sempronius. Er schickte täglich Blumen. Er schrieb Briefe. Agnes antwortete höflich, aber sie machte ihm keine Hoffnungen. Da schlug die Liebe in Haß um. Wenn Agnes dieser Jesus Christus schon so viel bedeutete, dann soll sie zu ihm gehen. Er zeigte sie als Christin an. In den Tagen Kaiser Diokletians zu Beginn des 4. Jahrhunderts hieß dies nichts anderes, als daß er sie dem Tod auslieferte.

Agnes kam vor Gericht. Mit Klugheit und Tapferkeit verteidigte sie ihren christlichen Glauben. Die Richter staunten. Dieses Mädchen fürchtete den Tod nicht. Der Kirchenvater Ambrosius schreibt wenige Jahrzehnte später voller Bewunderung: „Sie aber stand unerschrocken vor dem Henker. Sie hatte kaum eine Ahnung, was Sterben heißt, und schon war sie bereit, ihr junges Leben unter dem Schwert auszuhauchen."

Die Legende berichtet von einem längeren Leidensweg. Sie sollte zunächst den Feuertod sterben, aber die Flammen versengten sie nicht. Man wollte ihren entblößten Leib der Schaulust des Pöbels preisgeben, aber die Fülle ihres Haares bedeckte ihr Blöße. Agnes bewahrte ihre Reinheit, und das Wort des heiligen Paulus bewahrheitete sich an ihr: „Gott hat das Schwache in der Welt erwählt, um das Starke zuschanden zu machen."

Die Eltern waren bei aller Trauer stolz auf ihre tapfere Tochter, die ihrem Bräutigam Jesus Christus die Treue gehalten hat, und sie begruben sie vor den Toren Roms. Es wird überliefert, daß Agnes acht Tage nach ihrem heldenhaften Sterben ihren Eltern erschienen sei. Zahlreiche Jungfrauen in kostbaren Gewändern hätten sie begleitet. Zu ihrer Rechten aber sei ein Lamm gestanden, das weißer glänzte als der Schnee. In dem Lamm ist das Lamm der Apokalypse zu erkennen. Es ist Jesus Christus, der himmlische Bräutigam der heiligen Agnes. Ja, „selig, die zum Hochzeitsmahle des Lammes geladen sind". Paul Gerhardt hat 1647 in dem Passionslied „Ein Lämmlein geht und trägt die Schuld der Welt und ihrer Kinder" in der letzten Strophe die Zeilen geschreiben, die auf die heilige Agnes zutreffen: „… und dir, dem er (Gottvater) mich anvertraut, als eine wohlgeschmückte Braut an deiner Seiten stehen."

Dies ist der Hintergrund für die Darstellung der heiligen Agnes mit dem Lamm, wenngleich Augustinus einen anderen Zusammenhang sieht. Er sagt von ihr: „Die heilige Agnes, was sie bedeutet, das war sie. Agnes bedeutet im Lateinischen ‚Lamm', im Griechischen ‚rein'."

Nicht unerwähnt soll bleiben, daß am Fest der heiligen Agnes alljährlich der Papst zwei Lämmer segnet, von deren Wolle die Pallien gewoben werden. Dieses ringförmige weiße Band wird mit vier schwarzen Kreuzen bestickt und auf das Grab des heiligen Petrus gelegt. Der Papst verleiht es als besonderes Würdezeichen an die Erzbischöfe. Es soll die Verbundenheit mit dem apostolischen Stuhl dokumentieren und ein Zeichen der Treue zu Christus sein. Die Hirten der Kirche werden an die Tapferkeit der jugendlichen Märtyrin erinnert und mit ihnen bitten auch wir: „Komm uns zu Hilfe, damit wir unbeirrt den Glauben bewahren."

21. JANUAR

Raben verrieten die Mörder

Der hl. Meinrad

Der Graf von Zollern wollte für seine Kinder eine gute Erziehung und eine gediegene Ausbildung. Klosterschulen boten im 9. Jahrhundert beides. Daß Meinrad sich im Kloster Reichenau wohlfühlte, freute die Eltern. Sie hatten jedoch nicht damit gerechnet, daß er selber Mönch werden wollte. Gerne hätten sie ihn als Abt gesehen, aber Meinrad wurde Lehrer an der Klosterschule.

Einige Jahre unterrichtete er die Schüler. Der schwäbische Grafensohn besaß ein reiches Wissen und großes Einfühlungsvermögen. Als am Züricher See (die Schweizer sagen Zürichsee) ein neues Kloster gegründet wurde, schickte der Abt von Reichenau Meinrad dorthin, um die Leitung der Schule zu übernehmen. Nachdem die Aufbauarbeit geleistet war, bat Meinrad seinen Abt, ihm zu erlauben, sich in die Einsamkeit zurückzuziehen. Längere Zeit sträubte sich der Abt, denn er glaubte, auf den Lehrer und Erzieher nicht verzichten zu können. Schließlich kam er doch zu der Überzeugung, daß Meinrad dem Ruf Gottes folgen müsse.

Der Ordensvater Benedikt war den umgekehrten Weg gegangen. Er lebte zunächst als Einsiedler, um später eine Gemeinschaft zu gründen. Auf Grund seiner Erfahrungen zog er das Kloster der Einsiedelei vor. Meinrad hatte sich im Kloster wohlgefühlt, ebenso in der Schule, aber sein Streben ging höher hinaus. Er wollte Jesus in seiner Armut und Einsamkeit nachfolgen. Dem gesicherten Leben im Kloster mit seinen festen Regeln zog er eine ungesicherte Existenz vor. Auf dem Berg Etzel am Südufer des Züricher Sees baute er sich eine Hütte. Nun konnte er Tag und Nacht beten. Eine gute Frau konnte nicht mit ansehen, wie der Einsiedler immer mehr abmagerte, weil er ständig fastete. Sie begann für Meinrad zu sorgen, und er war dankbar dafür, daß er sich nicht um das tägliche Brot kümmern mußte. Die Frau erzählte jedem, der es hören wollte, von dem frommen Einsiedler, der in einer windschiefen Hütte hause und der schon längst verhungert wäre, wenn sie sich nicht seiner erbarmt hätte. Da stiegen die Leute auf den Berg, um den frommen Mann zu sehen. Bald sprachen sie ihn auch an, und er nahm sich Zeit für sie. Jede Unterhaltung endete mit der Mahnung, es gelte so zu leben, daß man den Himmel nicht verfehle. Hatte er im Kloster darunter gelitten, daß ihn so vieles vom Gebet abhielt, so blieb ihm mit wachsendem Bekanntheitsgrad immer weniger Zeit für das Gebet. Meinrad hielt das nicht länger aus. Die Sehnsucht nach Stille trieb ihn fort.

Im „Finstern Wald“ baute er sich eine neue Hütte. Dort kannte ihn niemand. Jetzt konnte er fasten und beten. Jetzt konnte er sich in das Leiden des Herrn vertiefen, und niemand störte ihn. Ein paar Raben, denen er das Leben gerettet hatte, leisteten ihm Gesellschaft. Aber auch in dieser urwaldgleichen Gegend wurde er eines Tages gefunden. Erneut setzte ein Strom von Menschen ein, die in ihm einen Helfer sahen. Die Äbtissin von Fraumünster ließ ihm eine Kapelle bauen und schenkte ihm eine Marienstatue.

Meinrad hatte es aufgegeben, vor den Leuten davonzulaufen. Er spürte, sie brauchten seinen Rat. Manche konnte er auch unterstützen, weil andere ihm dazu mit ihren Spenden die Möglichkeit gaben. Zwei Landstreicher wollten sich nicht mit der Gabe begnügen, die ihnen Meinrad schenkte. Der Einsiedler durchschaute die beiden. Sie hatten die Absicht, ihn auszurauben. Er sagte es ihnen auf den Kopf zu. Das hielt sie nicht davon ab, den Einsiedler zu erschlagen und nach seinen Schätzen zu suchen. Sie suchten vergeblich. Meinrad hatte alles verschenkt. Die Raben aber verfolgten die Mörder. Man wurde auf die beiden aufmerksam. Sie wurden angesprochen und schnell stellte sich heraus, daß sie Meinrad getötet hatten. Mit dem eigenen Tod mußten sie ihr Verbrechen sühnen. Aus der Einsiedelei Meinrads aber wurde ein bedeutendes Kloster und der Wallfahrtsort Maria Einsiedeln.

31. JANUAR

Das Phänomen des grauen Hundes

Der hl. Don Bosco

„Warnung vor dem Hund“ steht an mancher Garten- oder Haustüre. Wie wahr das ist, davon können vor allem die Postboten und Zeitungsausträger ein Lied singen. Ganz anders sieht das der Hundefreund. Für ihn ist der Hund Teil seines Lebens. Mit dem Hund macht er seine Spaziergänge. Mit dem Hund kann er alles widerspruchslos bereden. Der Hund schützt sein Haus vor unliebsamen Besuchern. Ein Leben ohne Hund kann sich der Hundeliebhaber nicht vorstellen. Stirbt der Hund, ist es für ihn, als wäre ein Freund von ihm gegangen.

Eine ganze Reihe von Heiligen darf man zu den Hundefreunden zählen, andere begegneten den Hunden eher mit Furcht und hielten sie auf Abstand. Zu den letzteren gehörte Johannes Bosco. Don Bosco, der oft nicht einmal wußte, ob er alle seine Buben satt bekommen würde, hatte kein Verlangen, auch noch einen Hund füttern zu müssen. Trotzdem spielt ein Hund in seinem Leben eine seltsame Rolle. Joseph Bernhart erzählt die Geschichte in seinem Buch „Heilige und Tiere". Don Bosco, der begnadete Jugendapostel, hatte zahlreiche Anfeindungen erleben müssen. Nicht nur daß man ihn in eine Irrenanstalt sperren wollte, um ihn auf diese Weise aus dem Verkehr zu ziehen, man beabsichtigte auch mehrfach, ihn brutal zu verprügeln, weil er dem Gangstermilieu den Nachwuchs entzog.

Als Don Bosco eines Abends das Haus verließ, folgte ihm ein großer grauer Hund. Der Priester erschrak. Würde der Hund ihn angreifen? Wollte jemand den Hund auf ihn hetzen? Hunde spüren sofort, wenn jemand Angst hat. Der graue Hund gab ein gutmütiges Knurren von sich und folgte Don Bosco in gemessenem Abstand. Auch auf dem Heimweg blieb „der Graue", wie ihn Don Bosco nannte, in seiner Nähe. Es ereignete sich auch nichts Besorgniserregendes.

Einmal, als der Ordensgründer das Haus verlassen wollte, hatte sich der Hund auf die Schwelle gelegt und ließ nicht zu, daß er aus dem Haus ging. Don Bosco hatte eine dringliche Besorgung zu machen, aber der Hund verhinderte es. Bald darauf erfuhr man, daß ein paar Schlägertypen Don Bosco aufgelauert hatten. Ein andermal hatten sie mehr Glück, aber kampflos konnten sie den Jugendapostel nicht verprügeln. Don Bosco setzte sich zur Wehr. Einen hatte er bereits außer Gefecht gesetzt, da tauchte „der Graue“ auf und mischte sich ein. Er packte die Schurken, bellte furchterregend und biß zu. Da flehten die Gangster Don Bosco an, er möge den Hund beruhigen. Dies tat er auch. Schnell suchten sie das Weite. So erging es auch einem Attentäter, der Don Bosco erschießen wollte.

Der Hund des Don Bosco taucht auf und verschwindet wieder. Immer wenn Gefahr im Verzug ist, tritt „der Graue“ auf den Plan. Dies wird von vielen Mitarbeitern Don Boscos bezeugt. Einmal, als er einen Bekannten besuchen wollte, der auf einem Einödhof wohnte, hatte sich Don Bosco verirrt und war in gefährliches Gelände geraten. Da dachte er, wenn doch jetzt „der Graue“ da wäre, er würde mich sicher ans Ziel bringen. Und schon hörte er sein zutrauliches Bellen. Wohlbehalten brachte er den Jugendapostel an sein Ziel. Seltsamerweise nahm der Hund nie etwas zum Fressen an, deshalb sind manche der Ansicht, hier handle es sich um einen übernatürlichen Vorgang, zumal es vorkam, daß Don Bosco den Hund sah, während andere ihn nicht sehen konnten.

Vom Hund geführt

Die hl. Margareta von Cortona

Der Tod der Mutter stürzte die kleine Margareta in eine abgrundtiefe Verzweiflung. Zwar hatte die Mutter sie gelehrt, für die Verstorbenen zu beten, und ein kurzes Gebet verrichtete sie täglich: „O Herr, ich bitte dich, gib allen, für die du willst, daß ich bitten soll, die ewige Seligkeit", aber das linderte den Schmerz nur wenig, zumal der Vater bald wieder heiratete. Margareta hatte unter ihrer Stiefmutter sehr zu leiden. Mit 17 Jahren verließ sie das Elternhaus.

Anlaß war eine stürmische Liebesgeschichte. Der junge Graf von Montepulciano hatte sich in die Bauerntochter aus Laviano verliebt. Er machte ihr den Hof. Sie konnte ihm nicht widerstehen. Er führte sie auf sein Schloß. Sie lebten zusammen. An Heirat war nicht zu denken. Der Standesunterschied ließ es nicht zu. Margareta, deren Name „die Perle" bedeutet, konnte zwar die Geliebte des jungen Grafen sein, aber nicht seine Gemahlin. Ihre Liebe war so groß, daß sie glaubten, ohne Gott, ohne Kirche, ohne Sakramente leben zu können. Das Gerede der Leute und die Verachtung, die sie der Adel spüren ließ, rührten sie so wenig wie die Predigten mancher Mönche, die ihnen zu Ohren kamen. Ihr Glück war vollkommen, als ihnen ein Sohn geboren wurde. Nun würde sie nichts mehr trennen können. So dachten sie.

Als der Graf von einem Jagdausflug nicht zurückkehrte, machte sich Margareta Sorgen. Als vollends sein Jagdhund allein am Tor des Schlosses stand, ahnte sie, daß sich etwas Schlimmes ereignet hatte. Vom Hund geführt, fand Margareta den Leichnam des Geliebten. Man hatte ihn erschlagen. Sie brach zusammen. Mit dem Tod des Menschen, mit dem sie neun Jahre zusammengelebt hatte, verlor auch ihr eigenes Leben jeden Sinn. Sie mußte mit ihrem Kind das Schloß verlassen. Sie hatte keine Rechte. Nichts war ihr eigen außer dem Kind. In dieser Not wollte sie ins Elternhaus heimkehren. Dort jedoch wollte man mit dem Schandfleck der Familie nichts mehr zu tun haben.

In Cortona erbarmten sich ein paar ältere ledige Damen der Verstoßenen. Als sie den Leichnam des Geliebten gesehen hatte, da stand ihr Entschluß fest: weg von der Sünde und hin zu Gott. Den schrecklichen Tod des Grafen empfand sie als göttliches Strafgericht über ihr sündhaftes Leben. Ihr weiteres Leben wollte sie dazu verwenden, den Ermordeten vor der ewigen Verdammnis zu bewahren. Sie wollte seine Seele und auch ihre eigene retten. Am Beginn ihres neuen Lebens stand eine Lebensbeichte. Ihre Bitte um Aufnahme in den Dritten Orden wurde von den Franziskanern ebenso abgelehnt wie der Wunsch nach einem ständigen Beichtvater. Ihre Schönheit muß atemberaubend gewesen sein. Obwohl sie alles verschenkte und schlecht gekleidet war, hätte mancher Mann viel gegeben, wenn sie für ihn ihr neues Leben aufgegeben hätte.

Niemand glaubte, daß die fromme Phase Margaretas lang anhalten würde. Sie alle täuschten sich. Von dem Schmuck, mit dem der Graf sie überreich beschenkt hatte, baute sie ein Krankenhaus. Täglich war sie dort anzutreffen. Sie pflegte die Kranken und kümmerte sich um die Bediensteten. Nur eine Aufgabe vernachlässigte sie: die Erziehung ihres Kindes. Sie gab den Sohn in die Obhut der Franziskaner. Zu sehr erinnerte er sie an ihr früheres Leben. Zu sehr erinnerte er sie an den Grafen. Sie wollte einen Schlußstrich ziehen. Der Sohn hinderte sie daran.

Margareta führte ein Leben der Entsagung und der Buße. Drehte sich in früheren Jahren alles um ihren Leib und ihre Schönheit, so sah sie jetzt im Leib einen Feind, der sie herunterziehen will und sich ihrem Streben nach Vollkommenheit in den

Weg stellt. Sie fastete. Sie geißelte sich. Sie mußte von ihrem Seelenführer hören, daß sie sich zu viel abverlange. Die letzten Lebensjahre verbrachte sie in völliger Abgeschiedenheit. Eine Büßerin wollte sie sein. Alle sollten wissen, daß ein Leben wie sie es geführt hatte, in der Katastrophe endet. Am 22. Februar 1297 starb sie. Auf ihrem Gesicht sei ein eigenartiges Leuchten zu sehen gewesen. Man hat sie in Cortona begraben. An ihrem Grab haben sich Sünder bekehrt und solche, die sich für gut hielten, ihre Sündhaftigkeit erkannt. Bis zuletzt hat sie für die Bekehrung der Todsünder gebetet. Bis zuletzt flehte sie zu Gott um die Rettung des Geliebten. Sie ist darüber selber zur Heiligen geworden und wird stets mit dem Hund dargestellt.

Von Tierchen geplagt

Der hl. Benedikt Joseph Labre

Die vornehmen Damen rümpften die Nase, wenn sie in die Nähe des Benedikt Joseph Labre kamen. Er hielt nicht viel von Hygiene. Wanzen und Läuse waren seine ständigen Begleiter. War er ein Bettler? Niemand sah ihn betteln. Er nahm, was man ihm schenkte. Als er in einer römischen Kirche zusammenbrach und kurz darauf starb, wußten auf einmal alle: Das war ein Heiliger.

Abenteuerliche Geschichten wurden von ihm erzählt. Er stamme aus dem Hochadel und habe im Rausch seine Geliebte erschlagen, deshalb sei er unter die Büßer gegangen. Benedikt Joseph Labre hätte über solches Geschwätz nicht einmal gelächelt. Sollten die Leute glauben, was sie wollten. Er hat nie von sich erzählt, aber gerade sein einsilbiges Wesen ließ den Klatsch umso üppiger gedeihen.

Man sah ihn stundenlang in römischen Kirchen beten. Sein Essen bestand aus den Abfällen, die er auf der Straße fand. Sein Gewand ließ ihn als

Straßenbruder erkennen. Aber nicht der Alkohol, nicht ein Mord und nicht eine Frau haben ihn auf die Straße getrieben. Es war sein Suchen nach dem Willen Gottes.

1748 kam er im Norden Frankreichs zur Welt. Sein früh erwachtes religiöses Interesse ließ die Eltern, vor allem die Mutter hoffen, daß er Priester werde. Ein geistlicher Onkel sollte ihm Latein beibringen. Allerdings stellte sich rasch heraus, daß Benedikt Joseph ein sehr schlechtes Gedächtnis hatte. So konnte er nicht Priester werden. Die Eltern waren enttäuscht. Das Dorf lachte schadenfroh. Was sollte aus ihm werden? Weil er am liebsten betete und sich in der Kirche aufhielt, riet man ihm zum Klostereintritt. Im ersten Kloster wies man ihn ab, weil er zu jung war. Im anderen Kloster hielt man ihn für zu schwächlich. Schließlich nahmen ihn die Kartäuser auf. Dieser strengste Orden der Kirche mit ständigem Schweigen und Beten schien wie geschaffen für ihn. Aber nach wenigen Monaten stellten sich seelische Ängste ein und man schickte ihn in die Welt zurück, aus der er doch fliehen wollte.

Den Eltern und Geschwistern schrieb er noch einen Brief, in dem er ihnen mitteilte, daß er auf dem Weg in ein italienisches Kloster sei. Das war das letzte Lebenszeichen, das sie von ihm erhielten. Auch dieses Kloster nahm ihn nicht auf. Man setzte ihn buchstäblich auf die Straße. Sie sollte sein Kloster werden. Er pilgerte von einem Wallfahrtsort zum anderen. Quer durch Italien, durch Spanien, durch Frankreich kam er auf seinem Pilgerweg. Er besuchte auch Deutschland und die Schweiz. Das Wort Jesu: „Die Füchse haben ihre Höhlen und die Vögel ihre Nester, der Menschensohn aber hat nichts, wohin er sein Haupt legen kann", wurde zum Leitmotiv seines Lebens. Mit Jesus wollte er über die Straßen der Erde gehen. In seinem Rucksack trug er Bibel und einige Gebetbücher mit. Es gab mitleidige Menschen, die ihm Unterkunft und Verpflegung geben wollten, aber Benedikt Joseph Labre nahm es nicht an. Er dankte und sagte: „Gott will mich auf diesem Weg haben." Von Kirche zu Kirche, die zur damaligen Zeit noch alle zugänglich waren, pilgerte er, als wollte er stellvertretend für die beten, die nicht zur Kirche kommen. Man hat ihn ausgelacht. Kinder warfen mit Steinen nach ihm. Er ertrug alles mit der gleichen Geduld wie das Ungeziefer, das sich in Bart und Haaren festgesetzt hatte. „Gott muß man lieben, zum Nächsten gütig, zu sich selbst aber hart ein." Dies gab er einem zur Antwort, der ihn nach dem Weg zum Himmel fragte.

Die vornehmen Damen machten einen Bogen um ihn; die Gassenbuben warfen Steine nach ihm; die Mesner hatten nicht viel übrig für den verlausten Beter – und doch, als er am 16. April 1783 an Entkräftung starb, waren sie alle der gleichen Meinung: Er war ein Heiliger. Zu seiner Beerdigung war halb Rom auf den Beinen. Papst Leo XIII. nahm ihn keine hundert Jahre später in das Verzeichnis der Heiligen auf und sagte damit, daß der Weg des Benedikt Joseph Labre auch zum Ziel geführt hat. Die Wege Gottes sind eben sehr verschieden.

Er besiegte den Drachen

Der hl. Georg

Der heilige Georg zählt zu den Soldatenheiligen wie Mauritius und Sebastian. Er hat wie sie in der großen Christenverfolgung unter Kaiser Diokletian im vierten Jahrhundert das Martyrium erlitten. Zahlreiche Legenden ranken sich um sein Leben. Eine Legende hat das Bild des Heiligen am stärksten geprägt: die Legende vom Drachentöter.

In der „Legenda Aurea“ des Jacobus a Voragine wird vom heiligen Georg folgendes erzählt: In einem See vor der Stadt Silena in Libyen hauste ein Drache und verpestete die Luft mit seinem Gifthauch. Täglich mußten ihm zwei Schafe geopfert werden und, nachdem die Schafe zu Ende gegangen waren, jeden Tag ein Mensch. Eines Tages fällt das Los auf die Tochter des Königs. Nach einem herzzerreißenden Abschied von den Eltern geht sie in den See hinaus. Da erscheint Georg und bohrt dem Untier die Lanze in die Seite. Hierauf läßt er die Königstochter die halbtote Bestie mit ihrem Gürtel in die Stadt führen.

Die Einwohner lassen sich mitsamt ihrem König taufen, und Georg tötet den Drachen endgültig. Der Kadaver wird mit fünf Ochsen aus der Stadt geschleift und im See versenkt.

Man kann sich vorstellen, daß Ritter und Kreuzfahrer zu diesem Heiligen eine ganz besondere Beziehung fanden. Die Ideale des Rittertums sahen sie in dem tapferen Georg verwirklicht: die Verteidigung der Schwachen, den Kampf gegen einen übermächtigen Gegner, das Eintreten für den Glauben an Christus. Unerschrockene Männer wie König Richard Löwenherz von England erwählten den heiligen Georg zu ihrem Patron. Die Deutschordensritter stellen sich unter den Schutz des Heiligen.

Die Verehrung des heiligen Georg geht freilich weiter zurück. In Griechenland zählte er von jeher zu den beliebtesten Heiligen. Man nennt ihn dort „Großmartyrer“ und dies auf Grund einer anderen Legende, in der berichtet wird, daß Georg dreimal starb und jedesmal wieder zum Leben erweckt wurde. Als er das erste Mal im Gefängnis war, erschien ihm Christus und sagte ihm einen siebenjährigen Leidensweg voraus. Beim ersten Martyrium wurde er auf ein Rad geflochten. Er hat es überlebt. Ein anderes Mal schlug man ihm 60 Nägel in den Kopf. Man hielt ihn für tot, aber Georg kam wieder zu sich. Schließlich wurde er mit Pferden gevierteilt. Nicht ein Mal aber hat er seinen Glauben verleugnet. Viele jedoch kamen durch sein Glaubenszeugnis zum Christentum.

Das Königsgeschlecht der Merowinger förderte die Verehrung des Glaubenszeugen, und bereits im 9. Jahrhundert gelangten die Reliquien des Heiligen auf die Reichenau. In der Blüte des Rittertums wurden ihm zahlreiche Kirchen geweiht. Das Königreich England stellte sich 1222 unter den Schutz des Heiligen und das Land zwischen dem Kleinen und dem Großen Kaukasus wird Georgien genannt. Wie stolz man noch heute darauf ist, bewies die Taufe des Altkommunisten Edward Schewardnadse, der Präsident Georgiens war und sich auf den Namen Georg taufen ließ.

Den Namen des heiligen Georg legte sich auch Martin Luther bei, als er nach Verhängung der Reichsacht 1521 aus Worms geflohen war und auf der Wartburg Unterschlupf fand. „Junker Jörg" hatte damals den Ordenshabit der Augustiner ausgezogen und sich auf den Kampf gegen Kaiser und Papst eingelassen. Als Junker Jörg machte er sich an die Bibelübersetzung, die als „Lutherbibel" Geschichte gemacht hat und die Entwicklung der deutschen Sprache maßgeblich beeinflußte.

In Bayern begründete Kurfürst Karl Albrecht († 1745), der spätere Kaiser Karl VII., den St. Georgs-Ritterorden, dessen Großmeister der jeweilige bayerische Regent war. In diese Zeit fällt auch der Bau des Klosters Weltenburg an der Donau in Niederbayern. Die Gebrüder Asam haben dort dem hl. Georg eine einmalig schöne Kirche errichtet.

Die Gedanken des Rittertums und der Ritterlichkeit verbinden sich durch die Jahrhunderte mit dem Drachentöter St. Georg. Es ist deshalb nicht verwunderlich, daß die Pfadfinder diesen Kämpfer für die gute Sache als ihren Patron verehren.

Nicht unerwähnt bleiben darf, daß der hl. Georg zu den vierzehn Nothelfern gehört und damit zu jenen Heiligen, die in allerlei Nöten besonders angerufen werden. Die Nöte, in den St. Georg hilft, sind neben Kriegsgefahr und Pest Fieber und Schlangenbiß. Er wird auch angerufen als Verteidiger gegen Beschimpfungen und bei übler Nachrede. Vor allem aber ist er ein Viehpatron. Deshalb erfolgen an seinem Festtag zahlreiche Georgiritte mit Pferdesegnung.

Für ihn steht der Löwe

Der hl. Markus

Der Evangelist Markus gehört zu den Heiligen, die man fast in jeder Kirche antreffen kann. Meistens ist er an der Kanzel zu finden. Man erkennt ihn an seinem Symbol, dem Löwen. Warum ihm die Kirchenväter den Löwen zugeordnet haben, kann wohl kaum etwas damit zu tun haben, daß er ein kämpferischer Typ gewesen wäre, denn als er die Verhaftung Jesu am Ölberg erlebte, floh er. Er berichtet selbst darüber in seinem Evangelium: „Ein junger Mann aber, der nur mit einem leinenen Tuch bekleidet war, wollte ihm nachgehen. Da packten sie ihn; er aber ließ das Tuch fallen und lief nackt davon."

Johannes Markus, wie er mit vollem Namen heißt, besaß keine „Löwennatur". Der einzige Sohn aus gutem Haus hatte den Vater früh verloren und war behütet von seiner Mutter aufgewachsen. Sein Onkel Barnabas nimmt ihn mit auf die erste Missionsreise des heiligen Paulus. Markus fühlt sich den Strapazen dieser Reise sehr rasch nicht gewachsen. Er kehrt heim nach Jerusalem. Paulus trägt dem

Muttersöhnchen diese Fahnenflucht lange nach und überwirft sich wegen ihm auch mit Barnabas.

Was hat also die Kirchenväter veranlaßt, Markus den Löwen als Symbol zu geben? Hätte für ihn nicht gerade so gut der Engel gepaßt, den Matthäus erhalten hat? Manche meinen, das hinge damit zusammen, daß er seine Geschichte vom Leben Jesu nicht mit der Geburt in Bethlehem beginnt, sondern mit dem Vorläufer des Herrn, dem Wüstenprediger Johannes dem Täufer, und den 40 Tagen Jesu in der Wüste. Die Wüste ist die Heimat des Löwen und sein Reich. Andere sind der Ansicht, man habe den Löwen deshalb gewählt, weil Markus in seinem Evangelium immer wieder von der Königsherrschaft Gottes spricht, die Jesus ankündigt. Der Löwe gilt seit jeher als Symbol des Königtums.

Wer würde heute noch von Markus sprechen, wenn er nicht die Worte und Taten Jesu aufgeschrieben hätte. Sein Evangelium ist das älteste der vier und mit seinen 16 Kapiteln das kürzeste. Nach dem Fiasko bei der ersten Missionsreise des heiligen Paulus war der Völkerapostel kein zweites Mal bereit, ihn mitzunehmen (Apg 15,37–38). Petrus dagegen war froh, daß der sprachbegabte und gewandte junge Mann nun ihm zur Verfügung stand. Markus durfte Petrus begleiten und war sein Dolmetscher. Manche Stelle in seinem Evangelium ist dadurch zu erklären, daß Petrus Augenzeuge war und auch sein eigenes Versagen nicht verschweigen wollte.

Als Paulus in Rom auf seinen Prozeß wartete, kam es zur Aussöhnung mit Markus. Der Völkerapostel mußte zugeben, daß Markus seinen Mann im Leben stand und daß auf ihn Verlaß war. Im Brief an die Kolosser und an Philemon erwähnt er ihn als treuen Mitarbeiter für die Sache Gottes.

Nach dem Tod der Apostelfürsten Petrus und Paulus ging Markus nach Alexandrien in Ägypten. Diese Gelehrtenstadt mit ihrer Bibliothek und Universität wollte er für den christlichen Glauben gewinnen. Sein Wirken blieb nicht ohne Erfolg, aber dies rief auch die Gegner auf den Plan. Am Osterfest des Jahres 67 n. Chr. überfielen ihn Mörder und schleiften ihn zu Tode.

Im 9. Jahrhundert, der Norden Afrikas wurde von den muslimischen Arabern beherrscht, gelang es venezianischen Kaufleuten, die Reliquien des Evangelisten nach Venedig zu bringen. Der Markusdom ist auch heute das Ziel zahlloser Touristen und ein bleibendes Zeugnis der Verbindung zu Konstantinopel, aber auch der Macht der Republik Venedig, deren Schiffe das Mittelmeer beherrschten.

Am Markustag begannen früher die Bittprozessionen und Flurumgänge, die sich nicht mehr in allen Pfarreien erhalten haben. Die Markusprozession geht bis auf Papst Gregor den Großen († 604) zurück, der sie einführte, um damit einem heidnischen Brauchtum entgegenzuwirken.

Noch etwas verbindet sich mit dem heiligen Evangelisten Markus: Im strengen Winter des Jahres 1407, so erzählt man in der Hansestadt Lübeck, habe ein Apotheker aus Mandeln und Zucker eine Armenspeise gefertigt, die den Namen „Marci panis“, Brot des Markus, bekam und als Marzipan allen ein wohlschmeckender Begriff ist.

15. MAI

Er kümmerte sich um seine Pferde

Der hl. Isidor

Der benediktinische Gedanke, daß Arbeit und Gebet den Alltag bestimmen sollen, hat das Leben unserer Vorfahren geprägt. Nicht jeder mochte sich danach richten. Mancher fand vor lauter Arbeit keine Zeit mehr für Gebet und Gottesdienst. Solche Arbeitsfanatiker, die es immer gegeben hat, wurden gerne an den heiligen Isidor erinnert.

Wer war dieser vorbildliche Isidor? Er lebte im Spanien des 11. Jahrhunderts. Sein Name – „Geschenk der Isis" – deutet schon darauf hin, daß sich auf der iberischen Halbinsel alle möglichen Einflüsse auswirkten. Die Göttin Isis wurde in Ägypten und Nordafrika verehrt. Griechische Kaufleute und römische Legionäre brachten den Kult nach Spanien. Arianische Westgoten und islamische Mauren beherrschten lange das Land. Seit es aber im 7. Jahrhundert einen heiligmäßigen Bischof von Sevilla mit den Namen Isidor gegeben hat, vergaß man die ursprüngliche Bedeutung des Namens und dachte, wenn ein Kind „Isidor“ getauft wurde, nur noch an den gelehrten Bischof, der als „letzter abendländischer Kirchenvater“ in die Geschichte eingegangen ist.

Der 1070 bei Madrid geborene Isidor stammte aus ärmlichen Verhältnissen. Früh schon kam er zu den Bauern. Später wurde er Knecht bei einem Baron. Isidor war fleißig. Die Arbeit ging ihm von der Hand. Der Baron machte ihn zu seinem Oberknecht. Isidor heiratete Maria Toribia. Ein ganz normales Leben. Was kümmerte ihn der Investiturstreit, der zwischen Kaiser und Papst ausgebrochen war. Er hatte seine Arbeit. Er bestellte die Felder. Er säte und erntete. Auch die Kämpfe der Reconquista, die den islamischen Mauren Stück für Stück spanisches Land abrangen, konnten Isidor nicht bewegen. Er kümmerte sich um seine Pferde, um Kühe und Ochsen. Das war seine Welt. Nicht einmal als Papst Urban II. zum Kreuzzug aufrief, um die Heiligen Stätten wieder in christliche Hand zu bringen, dachte Isidor daran, die heimatliche Scholle und seine Familie zu verlassen, um ins Heilige Land zu ziehen.

Isidor hatte nur einen Fehler, so sahen es der Baron und so sahen das die anderen Dienstboten auf dem Gutshofe: Isidor war zu fromm. Man nahm es hin, daß er sich nie zum Essen niedersetzte, ohne zu beten. Man hatte auch nichts dagegen einzuwenden, daß er am Sonntag in die Kirche ging. Aber mußte es wirklich sein, daß er jeden Tag die Messe besuchte? Der Baron wußte sehr wohl, daß er es Isidor zu verdanken hatte, wenn sein Gutsbesitz gut bewirtschaftet wurde. Er hatte aus einem verlotterten Betrieb einen Musterhof gemacht. Trotzdem, so meinte er, wäre noch mehr herauszuholen, wenn Isidor nicht so viel beten würde.

Hier setzt nun die Legende ein. Eines Tages befand sich Isidor zum Pflügen auf dem Feld, als die anderen Dienstboten dem Baron meldeten, Isidor würde statt zu pflügen vor einem Bildstock knien, um zu beten. Der Gutsbesitzer war empört. Er schwang sich aufs Pferd, um seinen säumigen Oberknecht zur Rede zu stellen. Als er zu dem Acker kam, sah er, daß gepflügt wurde. Zwei Engel hatten die Arbeit des Isidor übernommen, während dieser betete. Ergriffen kehrte der Baron um. Nie mehr machte er seinem Oberknecht Vorhaltungen. Er hatte begriffen, daß aller Segen, der auf der Arbeit ruhte, vom Gebet Isidors ausging.

Der heilige Isidor gilt als Patron der Bauern. Man könnte ihn als besonderen Interessenvertreter der Knechte bezeichnen, denn er hat durch die Jahrhunderte daran erinnert, daß Arbeit nicht alles ist; daß es auch einen Feierabend geben muß und daß das Gebet den Segen Gottes auf die Arbeit herabruft.

26. MAI

Freund der Katzen und Hunde

Der hl. Philipp Neri

Philipp Neri wurde nicht müde, die Heilige Schrift zu betrachten und sie anderen zu erschließen. Er liebte vor allem das Johannesevangelium. Der Lieblingsjünger Jesu und Evangelist Johannes war ihm geistesverwandt, auch Philipp Neri kreiste immer um die gleichen Themen, auch Philipp Neri war von der Liebe Gottes ergriffen.

In seinem Oratorium, in dem die Katzen ein und aus gingen, versammelten sich Kardinäle und andere einflußreiche Leute. Man diskutierte. Man lachte. Man musizierte. Philipp Neri war für einen guten Witz immer zu haben, er durfte durchaus auch deftig sein. Wenn er die betretenen Gesichter der vornehmen Gesellschaft sah, war der Spaß für ihn doppelt groß. Denn Philipp Neri hielt es nicht nur mit den besseren Leuten. Ein Leben lang schlug sein Herz für die Gassenkinder. Sie gingen bei ihm aus und ein. Sie stellten ihm das Zimmer auf den Kopf und lärmten durch das Haus. Sein einziger Kommentar: „Sie können auf meinem Rücken Holz hacken, wenn sie nur nicht sündigen". Philipp Neri stammte aus Florenz. Obwohl er Savonarola schätzte, seinen Fanatismus teilte er nicht. Savonarola ließ die Lauten zertrümmern, Bilder und Bücher verbrennen. Philipp Neri griff selber zur Laute, las aus Büchern vor und regte andere, wie Baronius, zum Bücherschreiben an.

Der Vater, ein Rechtsanwalt, der sich mehr seinen alchemistischen Forschungen als seiner Anwaltskanzlei widmete, war dem Lebenskampf nicht recht gewachsen gewesen, deshalb hatte er seinen Sohn zu seinem geschäftstüchtigeren Bruder nach Neapel geschickt. Und der war kinderlos. Ein reiches Erbe winkte. Aber von seinem Vater hatte Philipp gelernt, daß Geld nicht alles ist. Und von den Dominikanern in Florenz hatte er gelernt, daß man für Christus alles einsetzen muß, sogar sein Leben. Das wollte er. In Rom fand er eine Stelle als Hauslehrer. Besonders gerne aber war er „Straßenlehrer". Die Gassenjungen scharte er um sich. Ihnen erzählte er biblische Geschichten. Mit ihnen lernte er den Katechismus. Er bereitete sie auf die Sakramente vor und erschloß ihnen die Bedeutung der heiligen Messe. Sein Beichtvater war der Meinung, er solle Priester werden. Nebenbei besuchte Philipp die Vorlesungen, und mit 36 Jahren wurde er zum Priester geweiht.

Man hätte nicht vermutet, daß dieser zu jedem Scherz und Schabernack bereite ehemalige Hauslehrer die heilige Messe mit solcher Hingabe feiern würde. Er war von der Größe des heiligen Meßopfers so erfüllt, daß er manchmal bis zu zwei Stunden brauchte. Bei der Danksagung nach der heiligen Kommunion wurde er nicht selten völlig entrückt. Er konnte es deshalb nicht begreifen, daß viele Gläubige sich nach dem Empfang der heiligen Kommunion kaum Zeit zur Danksagung nehmen. Einer vornehmen Dame, die erst zur heiligen Wandlung in der Kirche auftauchte, zur heiligen Kommunion ging und dann sofort die Kirche wieder verließ, schickte er zwei Ministranten mit brennenden Kerzen nach, die sie bis zu ihrem Haus begleiten sollten. Als die Dame sich darüber beschwerte, sagte ihr Philipp Neri, die Kirche schreibe vor, daß man das Allerheiligste stets mit Kerzen zu begleiten habe, wenn man es aus der Kirche trage, und schließlich trage sie das Allerheiligste bei sich, wenn sie die heilige Kommunion empfangen habe.

So unterhaltsam und froh Philipp Neri war, er hatte nur ein Ziel: Menschen für Christus zu gewinnen. Aus diesem Grund organisierte er Wallfahrten zu den sieben Hauptkirchen Roms. Aus diesem Grund lud er zum Vierzigstündigen Gebet ein, um an die Zeit zwischen dem Tod und der Auferstehung Jesu zu erinnern. Er sprühte geradezu von Ideen. Mit lachendem Gesicht konnte er Kardinälen den Kopf waschen. Als ein Kardinal in Untersuchungshaft mußte, weil man ihm vorwarf, er habe eine Verschwörung angezettelt, brachte dieser seinen Hund zu Philipp Neri. Nach einigen Tagen wurde der Kardinal wieder entlassen, weil sich seine Unschuld herausgestellt hatte. Er ging zu Philipp Neri und wollte seinen Hund abholen. Der Hund weigerte sich. Er blieb bei Philipp Neri. Dem Kardinal sagte er allerdings: „Du mußt deinen Hund besser behandeln, dann mag er dich auch. Mit den Leuten ist es genauso." Daß Tiere ihren eigenen Kopf haben, das mußte Philipp Neri, der Katzenfreund auch erleben. Als er auf Wunsch des Papstes in ein anderes Gebäude umzog, hatte seine Katze keine Lust ihr Revier aufzugeben. Da schickte Philipp Neri jeden Tag einen seiner Freunde zu dem Haus, um der Katze Milch und etwas zum Fressen zu bringen.

Ihm war die Gabe gegeben, die Wahrheit in Liebe zu sagen, deshalb war er ein gesuchter Beichtvater. Christus wollte er gewinnen, dafür setzte er alles ein. Andere wollte er für Christus gewinnen, dafür war ihm nichts zu viel. Sterbend konnte er noch sagen: „Wer anderes als Christus sucht, weiß nicht, was er tut." Wie Paulus es von sich im Brief an die Philipper sagt, so jagte auch Philipp Neri nach dem unvergänglichen Siegespreis, nach der himmlischen Freude, und er ist wie Paulus nicht vergeblich gelaufen. Am 26. Mai 1595, dem Fronleichnamstag, kam er an sein Ziel.

Löwen taten ihr nichts

Die hl. Blandina

Man nennt den römischen Kaiser Marc Aurel den Philosophen auf dem Kaiserthron. Man kennt ihn weniger als den Feldherrn, der die Grenzen des Reiches sicherte, und noch weniger erwartet man, daß während seiner Regierungszeit Andersdenkenden wie den Christen der Prozeß gemacht wurde. Doch man folterte und vollstreckte Todesurteile, wie der Fall Blandina in Lyon zeigt.

Die Gemeinde von Lyon gehört zu den ältesten christlichen Gemeinden auf französischem Boden. Der erste Bischof war Pothinus, ein Schüler des heiligen Polykarp von Smyrna, der wiederum noch den Apostel und Evangelisten Johannes erlebt hatte. Da die Christen ein Eigenleben entwickelten, wurden sie von den anderen mit kritischen Augen betrachtet. Man schätzte zwar ihre Hilfsbereitschaft und ihre Selbstlosigkeit, aber es kamen allerlei Gerüchte auf, die mehr als nur üble Nachrede beinhalteten. Es wurde gesagt, die Christen würden kleine Kinder töten, um sie dann zu verspeisen und ihr Blut zu trinken. Außerdem würden sie Blutschande betreiben. Diese Gerüchte hatten ihren Ursprung in Halbwahrheiten. Weil die Christen sich mit „Bruder“ und „Schwester“ anredeten, meinten die Leute, es seien tatsächlich leibliche Geschwister. Auf Grund des heidnischen Opferkultes, bei dem immer Tiere geopfert wurden und damit Blut floß, konnte man sich ein unblutiges Opfer gar nicht vorstellen. Außerdem gehörte zu jedem Opfer auch das Opfermahl.

Da die Christen Nichtgetauften keinen Zugang zur Feier der Eucharistie gewährten und sie damit geheimhielten, konnten solche Gerüchte aufkommen, die schließlich zur Verhaftung des Bischof Pothinus führten. Mit ihm kamen auch eine Reihe anderer ins Gefängnis, deren Namen uns aus einem Brief bekannt sind. Es waren Männer und Frauen. Der greise Bischof zählte schon 90 Jahre, während Blandina eine junge unverheiratete Frau war. Man sperrte die Christen zunächst ins Gefängnis. Es folgten die Verhöre. Der Richter glaubte den Aussagen nicht, deshalb ließ er die Verdächtigen foltern. Bischof Pothinus starb während der Mißhandlungen. Auch andere waren den Folterungen nicht gewachsen und starben, noch bevor der Richter das Urteil gesprochen hatte. Blandina, die eigentlich die schwächlichste von allen Verhafteten war, erwies sich als äußerst widerstandsfähig und tapfer. Man wollte sie zum Glaubensabfall bewegen und machte ihr die größten Versprechungen, sie aber erwiderte: „Wer den Himmel vor Augen hat, für den kann es nichts Schöneres geben." Man drohte ihr mit den allerschlimmsten Foltern: „Wer den Himmel vor Augen hat, den kann nichts schrecken", war ihre Antwort. Daraufhin wurde sie zum Tod durch wilde Tiere verurteilt.

Man führte sie in die Arena, band sie an einen Pfahl und ließ die Löwen los. Aber die Löwen taten ihr nichts. Sie legten sich ihr zu Füßen und leckten die Wunden, die man ihr zugefügt hatte. Daraufhin wurde sie gegeißelt, in ein Netz eingebunden und einem wilden Stier vorgeworfen. Die Leute in der Arena hielten den Atem an, als auch der Stier ihr nichts tat. Ein Legionär mußte schließlich mit dem Schwert das Todesurteil vollstrecken.

Aus dem Gefängnis hatten die Christen noch einen Brief an den Bischof von Rom geschrieben, in dem sie ihre Verbundenheit mit dem Nachfolger des heiligen Petrus bekundeten und ihre Treue zur Kirche. Dieser Brief wurde von einem Priester namens Irenäus nach Rom gebracht. Er ist ein frühes Zeugnis der engen Verbindung der Ortskirche mit dem Papst in Rom.

6. Juni

Von einer Kuh entdeckt

Der hl. Kevin

Heilige werden gerne mit Tieren dargestellt: der heilige Leonhard mit dem Pferd, der heilige Wendelin mit einem Schäflein, der heilige Franz von Assisi mit Vögeln und der heilige Antonius mit Fischen. Joseph Bernhart hat 1937 ein Buch mit dem Titel „Heilige und Tiere“ veröffentlicht, in dem er eine Vielzahl von Legenden zusammengetragen hat und von Heiligen berichtet, die hierzulande kaum bekannt sind. Einer von ihnen ist der heilige Kevin.

Die Legende berichtet, Kevin sei ein irischer Königssohn gewesen, den der Gedanke vom himmlischen Königreich, zu dem Jesus einlädt, so fasziniert habe, daß er sein Schloß und seine Heimat verlassen hat, um sich auf den Weg zu diesem Königreich zu machen. Arm wollte er werden, weil Jesus die Armen seligpreist. In der Einsamkeit wollte er ein Leben des Gebetes führen, weil auf ihn der Vorwurf Jesu nicht zutreffen sollte: „Nicht einmal eine Stunde konntet ihr mit mir wachen. Wachet und betet, damit ihr nicht in

Versuchung fallt!“ Wie die ägyptischen Einsiedler zog er sich völlig aus der Welt zurück, um Gott ganz nahe zu sein. Irland war im 6. Jahrhundert nicht besonders dicht besiedelt, so daß Kevin, der sich von Wurzeln und Beeren ernährte, keine Sorge zu haben brauchte, man werde ihn entdecken.

Ein Hirte, der mit einer Kuhherde nach saftigen Wiesen suchte, kam eines Tages in die Nähe der Höhle, in der Kevin hauste. Eine Kuh machte sich selbständig und kam zur Höhle. Hier leckte sie Kevin an seinem Gewand. Statt zu grasen, blieb sie in der Nähe des Einsiedlers, bis das Horn des Hirten zum Heimweg rief. Erstaunlicherweise gab diese Kuh abends beim Melken weit mehr Milch als all die anderen. Dies ließ den Hirten neugierig werden, denn er vermutete, daß sie einen Platz mit besonders fettem Gras ausfindig gemacht habe. Er folgte am nächsten Morgen der Kuh und sah, wie sie das Gewand des frommen Einsiedlers leckte. Voll Zorn ging er auf Kevin zu und jagte die Kuh weg, denn er meinte, der Gottesmann halte die Kuh vom Fressen ab und sie werde deshalb wieder weniger Milch geben. Beim Eintreiben mußte der Hirt dann feststellen, daß seine ansonsten so friedliche Herde außer Rand und Band geraten war. Er konnte sie nur mit Müh und Not zum Stall bringen. Als der Hirt seinem Bauern erzählte, was ihm widerfahren war, befahl dieser, sofort zu Kevin zu gehen und ihn um Verzeihung zu bitten. Weinend kam der Hirt zu dem Einsiedler und bat kniefällig, ihm seine bösen Worte zu vergeben. Kevin segnete den Hirten und gab ihm Weihwasser mit, damit er seine Tiere segne. Nur um eines bat er ihn: „Erzähle niemandem, daß ich hier lebe." Gerne hätte der Hirt ihm diesen Wunsch erfüllt, aber die Nachricht von seinem Mißgeschick und der Kuh, die Kevin entdeckt hatte, ging bereits von Mund zu Mund. Die Leute kamen und suchten seinen Rat. Da sah Kevin ein, daß er nicht länger in der Einsamkeit bleiben konnte, und er folgte dem Rat anderer Gottesmänner, die ihm empfahlen, sich in ein Kloster zurückzuziehen. Wie nicht anders zu erwarten, bestimmten ihn die Mönche von Glendalough bei Dublin zu ihrem Abt.

Vom heiligen Kevin, der 120 Jahre alt geworden sein soll und im Jahre 618 starb, gibt es noch weitere Legenden. So habe der Leibjäger König Brandubhs von Leinster mit seinen Hunden einen Eber verfolgt, der in die Kapelle des heiligen Kevin geflüchtet sei. Die Hunde hätten aber die Schwelle nicht übertreten. Und der Abt sei im Garten so ins Gebet vertieft gewesen, daß er von der Jagdgesellschaft gar nichts bemerkt hat. Staunend habe der Leibjäger den betenden Kevin erblickt, auf dessen Händen und Schultern Vögel saßen, die ihre Lieder mit den Gebeten des Gottesmannes vereinigten. Der Leibjäger des Königs brach die Jagd ab und kehrte zum Schloß zurück.

Sein Erlebnis machte schnell die Runde und drang auch zum König vor. Gerne hätte er einen solchen Mann zum Ratgeber gehabt, aber Kevin, der selber aus königlichem Hause war, fühlte sich in seinem Kloster und in seinem Garten wohler, deshalb lehnte er das Angebot des Königs ab. Er hatte die Welt nicht verlassen, um sich wieder in weltliche Geschäfte zu mischen. Nichts konnte ihn von seinem Ziel abbringen, alles dafür einzusetzen, um das wahre Königreich, den Himmel, zu erlangen.

Er ging nie ohne Hund

Der hl. Bernhard von Aosta

Das Bergmassiv der Alpen muß überwunden werden, wenn man aus dem kalten Norden in den sonnigen Süden will. Die Alpen stellten sich den Eroberern wie Hannibal und Alarich genauso entgegen wie den frommen Pilgern, die auf dem Weg nach Rom waren. Mancher irrte vom Weg ab und stürzte in die Tiefe. Mancher wurde vom Schneesturm überrascht und erfror.

Die Feldherrn ließen sich gute Bergführer etwas kosten, die Pilger überschätzten nicht selten ihre Kräfte und bezahlten dies mit dem Leben. Ein Diakon namens Bernhard sah in der Betreuung der Pilger eine wichtige Aufgabe. Seit den Tagen der Apostel kümmerten sich die Diakone um die Armen und Kranken, um die Witwen und Waisen, um Menschen in den verschiedensten Nöten. Bernhard, der im Aostatal beheimatet war, ist mit den Bergen aufgewachsen. Er liebte ihre Schönheit und erkannte ihre Gefahren. Immer wieder erlebte er, daß Pilger in den

Bergen umkamen. Es fehlte ihnen an der rechten Kleidung. Es fehlte ihnen an Ortskenntnissen. Hilfe tat not.

Bernhard gründete ein Hospiz, das er oben auf der Höhe des Passes errichtete, den man später aus Dankbarkeit den „Großen Sankt Bernhard“ nannte. Mit einigen bergerfahrenen Landsleuten betreute er die Pilger. Er sorgte für Unterkunft und Verpflegung. Er und seine Mitbrüder machten sich täglich auf den Weg, um Pilger und Handelsleute sicher über den Berg zu bringen. Trotzdem kam es immer wieder vor, daß welche vom Weg abkamen und abstürzten. Sie mußten geborgen werden. Im Hospiz wurden sie gepflegt, bis ihnen die Weiterreise möglich war. Die Toten aber erhielten ein christliches Begräbnis auf dem Gottesacker des Klosters.

Schon bald erkannte Bernhard, wie wichtig ein Hund bei der Suche nach einem verirrten Wanderer oder einem vom Schnee überraschten Pilger sein kann. Er ging deshalb nie ohne Hund zu seinen weiten Wanderungen. Die Mitbrüder machten sich gleichfalls mit einem Hund auf den Weg und konnten auf diese Weise vielen Menschen das Leben retten. Wie oft entdeckten die Hunde entkräftete Pilger, die dann von den Mönchen zum Hospiz gebracht wurden, damit sie sich erholen konnten und neu gestärkt den

Weg zu den Gräbern der Apostel in Rom antraten.

Als der Diakon Bernhard im Jahre 1081 starb, konnte er auf ein erfülltes Leben zurückblicken, das er im Dienst an Gott und für seine Mitmenschen verbracht hatte. Das Hospiz am Großen Sankt Bernhard besteht bis heute, und die Kongregation befolgt immer noch die Ordensregel des heiligen Augustinus, die Bernhard und seine Mitbrüder im 11. Jahrhundert angenommen hatten (Augustiner-Chorherren vom Großen Sankt Bernhard). Ihre Aufgabe sehen sie wie ihr Gründer in der Hilfe für Menschen in Not. Heute sind es weniger Pilger, aber um so mehr Touristen, die in Bergnot kommen. Die treuen Begleiter der Chorherren am Großen und Kleinen Sankt Bernhard sind die Hunde, die schon vielen Menschen das Leben gerettet haben. Es sind immer Hunde von der gleichen Rasse, die beim Hospiz gezüchtet werden und in aller Welt als „Bernhardiner" bekannt sind.

Schon bald nach dem Tod Bernhards setzte seine Verehrung ein. Die Alpenbewohner riefen ihn um Hilfe und Fürsprache an, wenn sie in Bergnot gerieten. Er gilt deshalb als der Patron der Bergsteiger und Skifahrer. Sollten die Hundezüchter noch keinen Patron haben, dann wäre ihnen gleichfalls der heilige Bernhard von Aosta zu empfehlen, dessen die Kirche am 13. Juni gedenkt. Freilich steht er damit im Schatten des heiligen Antonius von Padua, der weltweit verehrt wird und von den Italienern nur „il Santo“ - „der Heilige“ genannt wird, sozusagen als der Inbegriff eines Heiligen, zu dem man in allen Notlagen kommen kann.

15. JUNI

Otto von Bamberg gab ihm den Hahn

Der hl. Vitus

Weil der heilige Leonhard die Gefangenen befreite, hat man ihm als Attribut die zerbrochenen Ketten beigegeben. Weil der heilige Vitus in einen Kessel mit siedendem Öl bei seinem Martyrium geworfen wurde, wird er in der Regel mit einem Kessel oder in einem Kessel sitzend dargestellt. Da es am 15. Juni, dem Fest des heiligen Vitus nicht selten regnet, sagt der Volksmund in Schwaben: „Veit schütt's Häfele um". Wie aber kommt der heilige Vitus zum Hahn als Attribut, wie man es im oberfränkischen Wallfahrtsort Vierzehnheiligen sehen kann?

Als der heilige Bischof Otto von Bamberg im 12. Jahrhundert den heidnischen Pommern das Evangelium verkündete, erlebte er, wie sie am 15. Juni ihrem obersten Gott Hähne opferten. Daraufhin erwählte er den heiligen Vitus zum Patron Pommerns. Er ließ für den Bamberger Dom Reliquien des heiligen Vitus in einen silbernen Arm einfügen, der einen Hahn trägt. Bischof

Otto wollte damit ausdrücken, der Pommernpatron möge helfen, das Heidentum zu überwinden und gute Christen aus den Bekehrten zu machen. Die Erfolge des Bamberger Bischofs, der aus einem schwäbischen Geschlecht stammte, auf seinen beiden Missionsreisen zu den Pommern waren überwältigend. Es wird überliefert, daß er auf einer einzigen Missionsreise 22 000 Taufen gespendet haben soll.

Man wird allerdings annehmen dürfen, daß diese Blitztaufaktion das Heidentum nicht völlig beseitigt hat und manch heidnisches Brauchtum unter christliche Vorzeichen weitergepflegt wurde. Jedenfalls war es noch jahrhundertelang üblich, am Tag des heiligen Vitus Hähne zu schlachten. Man opferte sie natürlich nicht mehr der obersten Gottheit Pommerns, sondern verzehrte sie zu Ehren des heiligen Vitus. Dieser Brauch blieb übrigens nicht auf Pommern beschränkt. So wird noch aus dem 16. Jahrhundert, kurz vor der Reformation, von einem Schlachten der Hähne auf den Stufen der Leipheimer St. Vitus Kirche (Bayrisch Schwaben) berichtet.

Der heilige Otto tat sich nicht schwer, den Hahn christlich zu deuten. Der Hahn ist seit alters ein Symbol der Wachsamkeit. „Wachet und betet, damit ihr nicht in Versuchung fallt!“ mahnt Jesus seine Jünger. Dieser Gedanke wurde von der frühen Kirche sehr ernst genommen. Wir hören immer wieder davon, wie die Christen vor großen Festen die Nächte durchgebetet haben. Der heilige Vitus, der in Sizilien beheimatet ist, wurde von zwei Christen – seinem Lehrer Modestus und Kreszentia, die ihn an Mutterstelle aufgezogen hat – auf seine Bitten hin zu den Vigilien, wie man diese nächtlichen Gebete nannte, mitgenommen. Durch seine Erzieher, die ihm den Glauben vorgelebt haben, fand er zu Christus. Ihm hielt er die Treue, auch als sein Glaube schwer geprüft wurde.

Der Hahn kündigt den Morgen an. Für den Christen verbindet sich der Morgen mit dem Gedanken an die Auferstehung Jesu am Ostermorgen. Jahrhundertelang begannen die Menschen ihren Alltag mit der heiligen Messe am Morgen. Alle, die es irgendwie ermöglichen konnten, die nicht durch die Stallarbeit oder die Betreuung der Kleinkinder verhindert waren, nahmen sich Zeit, weil sie den Segen Gottes erflehen wollten. Zur Zeit des heiligen Vitus haben die Christen den Gottesdienst am Sonntag in aller Frühe, noch vor Sonnenaufgang, besucht, denn der Sonntag war ein normaler Arbeitstag. Christsein war also nichts für Langschläfer und Spätaufsteher. Es bedeutete für die Gottesdienstbesucher durchaus ein Opfer, sich am Sonntag vor Tagesanbruch auf den Weg zur Kirche zu machen. Aber wären Menschen, die sich nicht einmal zu diesem Opfer bereit gefunden hätten, fähig gewesen, ihr Leben für Christus hinzugeben wie der heilige Vitus?

Nicht alle haben sich in der Stunde der Gefahr bewährt, das läßt an Petrus denken. Er hat in der Stunde der Gefahr versagt. Er hat Jesus verleugnet. Er hat gesagt, daß er nicht zu Jesus gehört. „Ehe der Hahn kräht, wirst du mich dreimal verleugnen", so hat es ihm Jesus vorausgesagt, und Petrus erwiderte empört: „Nie wird das geschehen." Der Hahn steht für Feigheit und Versagen, aber damit endet die Geschichte des Petrus nicht. Petrus bereut. Petrus wird von Jesus trotz seines Versagens zum obersten Hirten der Kirche bestellt. Es war der Hahn, der Petrus zur Besinnung brachte. Es war der Hahn, der ihn an Jesu Wort erinnerte. So ist der Hahn neben den Schlüsseln zum Attribut des heiligen Petrus geworden. Der heilige Bischof Otto wollte mit dem Hahn, den er dem heiligen Vitus beigab, auch seine Verbundenheit mit dem Nachfolger des heiligen Petrus bekunden und die Kirche von Pommern fest mit Rom verbinden.

4. JULI

Der Bischof mit dem Fisch

Der hl. Ulrich

Den heiligen Ulrich erkennt man am Fisch. Der Augsburger Bischof hat dieses urchristliche Symbol für den Glauben an Jesus Christus, den Sohn Gottes und Erlöser, auf Grund einer Legende erhalten. Ein Bote des Bischofs von Freising, so wird erzählt, habe in der Nacht von Donnerstag auf Freitag Ulrich eine wichtige Nachricht überbracht mit der Bitte um sofortige Antwort. Der Bischof, bei dem gerade sein Nachbarbischof Konrad von Konstanz zu Besuch weilte, hatte über dem Gespräch die Zeit ganz vergessen. Er gab dem Boten sogleich Bescheid und entließ ihn, nicht ohne ihm noch ein Stück Braten vom Abendessen mit auf den Weg gegeben zu haben. In Freising angekommenen wollte der Bote den im Ruf der Heiligkeit stehenden Bischof Ulrich anschwärzen, indem er behauptete, er habe am Freitag ein Stück Braten vom Tisch des geistlichen Fürsten erhalten. Als er das Fleisch jedoch zeigen wollte, so berichtet die Legende, sei es ein Fisch gewesen. An ihr läßt sich noch etwas von der einstigen Bedeutung des Verzichtes auf Fleischspeisen am Todestag Jesu ablesen.

Nun konnte man dem Augsburger Bischof ganz gewiß nicht vorwerfen, daß er es mit dem Abstinenzgebot nicht genau nahm, denn an den Freitagen fastete Ulrich in der Regel, meistens auch am Mittwoch, ganz zu schweigen von der Fastenzeit. Er war ein frommer Oberhirte mit einem Herz für die Armen. Im notleidenden Menschen begegnete er Christus, denn „was ihr dem Geringsten getan habt, das habt ihr mir getan.“ Und an Notleidenden fehlte es nicht. Als er 923 zum Bischof geweiht wurde, übernahm er eine Diözese, die eben erst durch einen Einfall der heidnischen Ungarn heimgesucht worden war. Auf ihren schnellen Pferden stürmten sie heran, raubten, plünderten, mordeten und steckten Kirchen in Brand, um sich dann ebenso rasch wie sie gekommen waren in ihr Stammland zurückzuziehen. Bischof Ulrich war nicht nur Oberhirte, sondern auch Reichsfürst. Es galt deshalb, Kirchen wieder aufzubauen und gleichzeitig für mehr Sicherheit zu sorgen. So baute er den Augsburger Dom wieder auf und ließ feste Stadtmauern errichten. Er mühte sich den Glauben zu festigen. Unentwegt reiste er durch sein Bistum, um die Seelsorger zu ermutigen und den Gemeinden das Wort Gottes zu verkünden. Als Reichsfürst saß er zu Gericht und entschied

Rechtshändel, nahm teil an Synoden und königlichen Hoflagern. Beides empfand er als seine Pflicht.

Als 953 Schwabenherzog Liutolf gegen König Otto I. rebellierte, war Ulrich und sein Bistum unmittelbar betroffen. Es war der Aufstand des Sohnes gegen den Vater. Liutolf hatte es verstanden, den Adel in Schwaben und Bayern auf seine Seite zu ziehen. Bischof Ulrich suchte zu vermitteln. Liutolf versperrte sich diesen Versuchen. Die Folge war, daß Augsburg geplündert wurde. Ulrich konnte sich der Auseinandersetzung nicht entziehen, bei der er für den König und gegen den Herzog, für den Vater und gegen den Sohn Partei ergriff. Ein Jahr währte der Bürgerkrieg, bis Otto Liutolf niedergerungen hatte. Wieder war es Bischof Ulrich, der zur Versöhnung mahnte und mithalf, Frieden zwischen Vater und Sohn zu stiften.

Der Bürgerkrieg hatte das Land geschwächt. Dies war den Ungarn nicht verborgen geblieben. Zu Tausenden kamen sie im Frühsommer des Jahres 955, um raubend, plündernd und mordend Not und Elend zu bringen. Sie waren es gewohnt, widerstandslos Beute zu machen, aber Augsburg öffnete seine Tore nicht. Ulrich rief zum Gebet auf, und während Frauen und Kinder den Himmel bestürmten, verteidigten die Männer die Bischofsstadt. Mitten unter ihnen stand der Bischof. Er trug weder Panzer noch Schwert. Nicht mit Waffen wollte er kämpfen, sondern mit der Kraft seines Gottvertrauens.

Am 10. August 955 kam es zur entscheidenden Schlacht auf dem Lechfeld. Das königliche Heer unter König Otto I., das dem Augsburger Oberhirten zu Hilfe geeilt war, besiegte die Ungarn. Sie flohen, um nie mehr wiederzukehren. In vielen Ulrichskirchen ist dieser denkwürdige Sieg auf Altarbildern und Deckenfresken zu sehen. König und Bischof Seite an Seite im Kampf gegen die heidnischen Ungarn. Der König und seine Mannen in voller Rüstung, der heilige Ulrich in seinen bischöflichen Gewändern. Ein Engel reicht ihm vom Himmel her ein Kreuz, das „crux victorialis" – das Siegeskreuz. Doch damit betreten wir bereits wieder den Bereich der Legende, die in den Händen eines Bischofs, und dies mit Recht, lieber ein Kreuz als ein Schwert sieht.

Die folgenden Jahre seiner bischöflichen Tätigkeit widmete er noch stärker der religiösen Erneuerung seines Bistums. Er förderte die Klöster und achtete auf Regeltreue. Er visitierte die Pfarreien und weihte Kirchen. Er legte Wert auf eine gediegene Ausbildung der künftigen Seelsorger und suchte die Lebensverhältnisse der Menschen zu verbessern. Seine besondere Fürsorge galt den

Armen und Kranken. Täglich wurden Bedürftige an der Tafel des Bischofs gespeist und vor seinem Tod gründete er noch ein Armenhospital. Am 4. Juli 973 starb Bischof Ulrich betrauert von seiner ganzen Diözese, deren guter Hirte er ein halbes Jahrhundert gewesen ist.

Was der heilige Ulrich in seiner Zeit getan hat, ist uns auch heute aufgetragen: den Glauben weiterzugeben und Frieden zu stiften, Kriegsfolgen zu lindern und den Opfern beizustehen, die Kraft des Gebetes nicht zu unterschätzen und die Notleidenden nicht zu vergessen. Jesus sagt es im Evangelium ganz knapp: „Liebt einander, wie ich euch geliebt habe!“

Der Kelch mit der Schlange

Der hl. Benedikt von Nursia

Der heilige Benedikt wird meistens mit dem Abtstab dargestellt. In der anderen Hand hält er ein Buch. Es ist seine Ordensregel, die mit ihrer Ausgewogenheit das abendländische Mönchtum geprägt hat. Dann und wann trägt er auch einen Kelch, aus dem eine Schlange züngelt. Mit diesem Bild ist eine dramatische Geschichte verbunden.

Nachdem Benedikt angeekelt von der Oberflächlichkeit seiner jugendlichen Zeitgenossen das Studium abgebrochen und Rom verlassen hatte, begab er sich in die Einsamkeit der Berge. Er lebte in völliger Armut, bekleidete sich mit Tierfellen und mied den Umgang mit Menschen. Er betete unablässig, aber besuchte keine Kirche mehr, nur um ja keinem Menschen zu begegnen und reden zu müssen, da er doch schweigen wollte. Daß dies ein Irrweg war, wurde ihm bewußt, als ein Vorüberkommender ihm „Frohe Ostern!" wünschte. Das höchste Fest des Kirchenjahres, das Fest der

Auferstehung Christi, zu vergessen, das bedeutete ja Gottferne statt Gottnähe! Diese Erfahrung führte zum Ende der radikalen Einsiedlerexistenz Benedikts.

Damit aber meldeten sich auch seine Triebe mit Macht. Er sehnte sich nach einem Menschen, einem weiblichen Wesen, mit dem er sein Leben teilen konnte. Er malte sich eine Zukunft in häuslicher Geborgenheit aus. Die Versuchung, sein gottgeweihtes Leben für eine Frau aufzugeben, war riesengroß. Da riß er sich in seiner inneren Bedrängnis seine Kleider vom Leib und wälzte sich nackt in Dornen und Disteln. Der Schmerz sollte ihn wieder zur Besinnung bringen. Benedikt blieb seiner Berufung treu.

Andere bewunderten den frommen Einsiedler, und die Mönche des nahen Klosters kamen zu der Überzeugung, Benedikt wäre der rechte Mann, ihr Kloster zu leiten. Nach langem Betteln nahm Benedikt die Wahl an. Allerdings hatten die Mönche sich daran gewöhnt, ihr Eigenleben zu führen. Sie hielten sich weder an Gebetszeiten noch sonst an eine Ordnung. Benedikt bemühte sich, ihnen eine feste Ordnung beizubringen. Das stieß auf Widerstand. Die Mönche wollten keinen über sich dulden, der mit fester Hand die Klostergemeinschaft führte. Am liebsten wären sie Benedikt wieder losgeworden. Einer der Mönche, die Benedikt des öfteren gemaßregelt hatte, kam auf die unglaubliche Idee, den Abt zu vergiften. In den Becher, den Benedikt zum Trinken benutzte, tat er tödliches Gift, das sich mit dem Wein vermischte. Er reichte Benedikt den Becher und Benedikt segnete ihn. Da ließ der Attentäter, erschreckt über sein eigenes Tun, den Becher fallen. Er zerbrach, und Benedikt erkannte die böse Absicht. Noch am gleichen Tag verließ er das Kloster. Ihm war klar, diese Mönche wollten sich nicht bessern. Sie wollten ihr Eigenleben führen. Das Streben nach Vollkommenheit, das ihn beseelte, war ihnen fremd. Diese Szene hält das Bild fest, das Benedikt mit einem Becher zeigt, aus dem eine kleine Schlange züngelt.

Die Begegnung mit diesen Mönchen war Benedikt eine Lehre, denn bei längerem Nachdenken kam er zu der Überzeugung, daß er vermutlich zu viel erwartet hatte und zu streng vorgegangen war. Er zog daraus den Schluß, daß eine bestehende Gemeinschaft nur sehr schwer zu verändern ist, deshalb ging er später neue Wege. Er sammelte junge Leute um sich, die er prägen und formen konnte. So kam es schließlich zur Gründung von Montecassino und einer Regel, die in ihrer Ausgeglichenheit das abendländische Mönchtum prägte.

17. JULI

Hahn, Maus und Fliege

Der hl. Coloman

Der Name Coloman taucht in Irland und Schottland häufig auf. So gibt es auch mehrere Heilige dieses Namens. In der Überlieferung, die mehr als tausend Jahre zurückreicht, kam es zur Verbindung der Lebensgeschichte von einem Einsiedler und einem Pilger, der ein dramatisches Ende auf seiner Pilgerfahrt fand.

Der Eremit Coloman lebte abgeschieden in der Einsamkeit, die er nur verließ, um an den Gottesdiensten teilzunehmen. Es war ein Leben des Gebetes und der Arbeit. Gesellschaft leisteten ihm allein ein Hahn, eine Maus und eine Fliege. So berichtet die Legende, die Joseph Bernhart in einer mittelalterlichen Sammlung entdeckt hat und in sein Buch „Heilige und Tiere“ aufnahm. Der Hahn hatte die Aufgabe, Coloman zu wekken, denn bei den langen Nachtwachen, die der Einsiedler im Gebet verbrachte, war die Gefahr groß, daß er sonst die Zeit zum Aufstehen verschlief. Nach dem kargen Mittagsmahl legte sich Coloman zu einer Siesta nieder, um ein wenig auszuspannen. Die Maus achtete darauf, daß sich die Siesta nicht über Gebühr ausweitete. Sie knabberte dann am Gewand, und wenn das nicht half, machte sie sich an seinem Ohr zu schaffen, so daß der fromme Mann gerne seine Liegestatt verließ.

Zu Coloman kamen immer wieder Leute, die ihn um Rat fragten, ihm ihr Herz ausschütteten oder ihn um sein Gebet in einem Anliegen baten. Wenn es an die Tür pochte, unterbrach der Einsiedler seine Betrachtung oder Schriftlesung. Die Fliege flog dann herbei und setzte sich genau an die Stelle, an der Coloman die Lesung unterbrochen hatte. Wenn der Gast die Einsiedelei verlassen hatte, konnte Coloman weiterlesen. Er brauchte die Stelle, an der er unterbrochen worden war, nicht lange zu suchen, denn dort saß die Fliege. Der fromme Mann hatte sich so sehr an den Dienst der Tiere gewöhnt, daß es ihn mit abgrundtiefer Traurigkeit erfüllte, als ein Tier nach dem anderen verendete.

Um die Traurigkeit zu überwinden, begab er sich auf eine Pilgerfahrt ins Heilige Land. In der Nähe von Wien verdächtigte man Coloman, ein böhmischer Spion zu sein. Er konnte den aufgebrachten Bauern nicht klarmachen, daß er ein Pilger war. Man hielt das für eine geschickte Tarnung. Es wurde kurzer Prozeß gemacht, und Coloman wurde aufgehängt. Zur Abschreckung ließ man den Leichnam am Galgen hängen. Als aber der Galgen im Frühjahr Zweige trieb und der Leichnam auch nach einem Jahr aussah, als hätte man ihn gestern aufgehängt, wurde den Bauern bewußt, daß sie sich hier an einem Heiligen vergriffen hatten. Nun bestatteten sie ihn in der nächstgelegenen Kirche. Bei einem Hochwasser versank alles in den Fluten, allein die Kirche blieb verschont. Das sprach sich herum, und Coloman wurde immer mehr verehrt. Man rief ihn in allen möglichen Anliegen als Fürsprecher an. Schließlich wurden seine Gebeine nach Stift Melk übertragen, aber seine Verehrung breitete sich im ganzen süddeutschen Raum aus. Die wohl bekannteste Kirche dürfte St. Coloman bei Füssen sein, zu Füßen der Königsschlösser Hohenschwangau und Neuschwanstein.

Margaretha mit dem Wurm

Die hl. Margaretha von Antiochien

Aus Antiochien in Pisidien stammte Margaretha, deren Name „Perle“ bedeutet und die Freude der Eltern über die Geburt ihrer Tochter ausdrückt. Die Eltern bildeten damit eine Ausnahme, denn im dritten Jahrhundert nach Christi Geburt freute man sich über die Geburt von Söhnen, während man die Geburt von Töchtern nahezu als Schicksalsschlag betrachtete.

Margaretha erwies sich tatsächlich als eine Perle, die ihren Eltern viel Freude bereitete. Klug und schön, freundlich und fleißig war sie. Es fehlte ihr nicht an Verehrern, als sie ins heiratsfähige Alter kam. Reiche Männer machten ihr den Hof. Ein sorgloses Leben schien auf sie zu warten. Die Eltern machten ihre Pläne. Doch nun kam es zu einer großen Enttäuschung. Margaretha wollte ihr Leben nicht an das eines Mannes binden. Für die Eltern brach eine Welt zusammen. Wie sollte die Zukunft ihrer Tochter aussehen ohne den Schutz eines Mannes? Wer garantierte ihr eine gesicherte Existenz? Wer würde im Alter für sie sorgen, wenn ihr keine Familie Rückhalt bietet?

Die Sorgen für die Eltern wurden nicht geringer, als ihnen Margaretha eingestand, daß sie den christlichen Glauben angenommen hatte. Im Gegenteil! Nun hielten sie ihre Tochter endgültig für verloren. Hatten sie vorher für die Zurückweisung der Verehrer ihre Unerfahrenheit, ihre mangelnde Einsicht verantwortlich gemacht, so wußten sie jetzt, daß dieser Jesus an allem schuld war. Wie würden sie ihre Tochter wieder zur Vernunft bringen können? Auch der Stadtpräfekt Olybrius zählte zu den Verehren Margarethas, die sich bei ihr einen Korb geholt hatten. Bei ihm zeigte der Vater seine Tochter an. Er hoffte, daß Olybrius Margaretha zur Besinnung bringen würde.

Der verschmähte Verehrer war sich nach der Anzeige des Vaters selbst nicht schlüssig: Wollte er das Mädchen, das er sich zur Frau gewünscht hatte, retten, oder wollte er sich an ihr rächen, weil sie ihn, den reichen und mächten Stadtpräfekten, abgewiesen hatte? Olybrius mußte die Zurückweisung Margarethas tiefer in seinem Stolz getroffen haben, als er zugeben wollte. Er hielt sich beim ersten Verhör nicht lange bei den Fragen an die Angeklagte auf, sondern ließ sie sogleich foltern. Ein sadistischer Grundzug seines Wesens wird erkennbar, wenn berichtet wird, daß er sie an ihren schönen langen Haaren aufhängen und dann geißeln ließ. Nicht genug damit befahl er den Gerichtsknechten, Margaretha mit Fackeln Brandzeichen auf ihren bloßen Leib zu brennen. Völlig erschöpft brachte man sie ins Gefängnis. Hier sah sie einen Drachen, der ihr nach dem Leben trachtete. Aus einen Nüstern sprühte Feuer, um sie erneut zu versengen. In äußerster Todesnot schlug sie das Kreuzzeichen und sogleich verschwand der Spuk, der sie in tödlichen Schrecken versetzt hatte.

Nachdem Margaretha auch in einem weiteren Verhör nicht bereit war, den christlichen Glauben aufzugeben, verurteilte Olybrius sie zum Tod durch das Schwert. Dieses Schicksal wiederfuhr vielen Christen der damaligen Zeit, so auch Katharina von Alexandrien und Barbara. Diese drei Jungfrauen werden gerne zusammen genannt. Sie vertreten das weibliche Geschlecht unter den vierzehn Nothelfern. Der bayerische Volksmund spricht von den „heiligen drei Madeln“. Jede von ihnen ist an ihrem Attribut zu erkennen: „Margaretha mit dem Wurm, Barbara mit dem Turm, Katharina mit dem Radl – das sind die drei heiligen Madl.“ Die heilige Margaretha gilt als besondere Fürsprecherin für Frauen, denen der Wunsch nach Kindern versagt geblieben ist. Der Margarethentag spielte im bäuerlichen Leben eine besondere Rolle, weil der Pachtzins fällig wurde und die Ernte begann.

Der König mit dem Raben

Der hl. Oswald

Missionare aus Irland, Schottland und England haben den Germanen auf dem Festland den christlichen Glauben gebracht. Männer wie Kolumban und Bonifatius sind herausragende Zeugen für die Glaubensbegeisterung, die auf dem Inselreich herrschte. Dabei hatte das Christentum sich eben erst und nicht kampflos in diesen Ländern durchgesetzt. Ein Vorkämpfer für den christlichen Glauben war König Oswald.

Der 604 geborene Sohn des angelsächsischen Königs Ethelfried von Northumbrien verlor sehr früh seinen Vater, der bei einem Aufstand der Briten ums Leben gekommen war. Damit verlor er auch seine Heimat. Er mußte fliehen. Im Kloster Iona auf der Insel Hy fand er Zuflucht. Bei den Mönchen fühlte er sich sicher. Sie boten ihm nicht nur Gastfreundschaft, sondern sie vermittelten ihm auch den christlichen Glauben. Oswald bat um die Taufe. Die Hoffnung auf die Wiedereroberung seines Königreiches gab er nie auf. Er gelobte, daß er, sollte er auf den Thron zurückkehren, seine Untertanen zum Christentum führen werde. Oswald bereitete mit großer Zielstrebigkeit seine Rückkehr vor. Er sammelte seine Getreuen um sich. 634 suchte er die Entscheidung. Er konnte den Britenkönig Caedwalla vernichtend schlagen. Oswald wurde König von Northumbrien. Um sein gegebenes Versprechen einzulösen, erbat er sich den Mönch Aidan aus dem Kloster Iona. Er sollte ihn bei der Christanisierung des Landes unterstützen. Aidan wurde zum Bischof geweiht und er salbte Oswald zum König.

Die Legende berichtet, daß man bei der Königskrönung kein Salböl hatte. Da sei ein Rabe vom Himmel gekommen und habe ein kostbares Gefäß mit Chrisam gebracht. Dieser Rabe habe Oswald dann stets begleitet. Er sei auch der Liebesbote gewesen, als Oswald um seine spätere Frau warb. Der König habe der Prinzessin das Glaubensbekenntnis durch den Raben übermitteln lassen. Sie habe auf diese Weise zum Glauben gefunden und auch ihren Vater bekehrt. Bei den Germanen galt der Rabe als heiliger Vogel. Der Gott Wotan wurde stets von zwei Raben begleitet. Die Legende mit dem Raben sucht die Sonderstellung Oswalds und seine besondere Erwählung hervorzuheben.

Zusammen mit Bischof Aidan gründete Oswald das Kloster Lindisfarne auf der Insel Holy Island. Es wurde zum Missionszentrum für ganz

England. Der historische Hintergrund für die Legende vom Liebesbrief, den der Rabe überbringt, ist die Heirat Oswalds mit der Tochter des Königs von Wessex, der unter dem Einfluß Oswalds gleichfalls mit vielen Untertanen Christ wurde. König Oswald ließ Kirchen bauen und gründete Klöster. Damit festigte er den Glauben. Man rühmte seine Wohltätigkeit und seine Bescheidenheit, seine Tapferkeit und Frömmigkeit. Seine Macht in England wuchs Jahr für Jahr.

Nicht allen gefiel der Machtzuwachs des Königs von Northumbrien. Es formierten sich Gegner, die ihn vor allem als den Schutzherrn der Christen im ganzen Land loswerden wollten. König Penda von Mercia setzte sich an die Spitze der Unzufriedenen. Er wollte das alte Heidentum wieder beleben. Es kam am 5. August 642 zur Schlacht auf dem Maserfield. König Oswald unterlag. Er wurde getötet. König Penda ließ ihm Kopf und Hände abschlagen und an Pfähle nageln. In der Klosterkirche von Bardney fand der König seine letzte Ruhestätte.

Den Ruhm Oswalds aber trugen die schottischen und angelsächsischen Missionare aufs Festland, so daß sich in Frankreich, Belgien, Deutschland, Österreich und der Schweiz, ja bis nach Norditalien die Verehrung des heiligen Oswald ausbreitete. Zahlreiche Ortschaften in Kärnten und der Steiermark tragen seinen Namen. Der Kanton Zug verehrt ihn als seinen Patron, und in der Stiftskirche von Solothurn wird eine Armreliquie des Heiligen gezeigt. In manchen Gegenden zählt man den angelsächsischen König zu den 14 Nothelfern. In Oberbayern und Tirol gilt er als „Wetterherr". Der heilige Oswald spielt auch in der Literatur eine Rolle. Es gibt Dichtungen in lateinischer und englischer Sprache, die sein Leben erzählen. Eine deutsche Dichtung entstand 1170 im Rheinland: „Sanct Oswald uz Engellant".

15. August

Die Jungfrau und das Einhorn

Die hl. Maria

Seit Ktesias von Knidos 400 Jahre vor Christi Geburt von einem weißen, pferdeähnlichen Tier mit einem Horn berichtet hat, von dem er behauptet, daß das Horn heilkräftig sei, hat das Einhorn die Phantasie der Menschen beschäftigt, zumal das Einhorn nur von Jungfrauen gefangengenommen werden könne. Die Geschichte fand auch Eingang in den Physiologus, einem im 5. Jahrhundert enstandenen Buch, das Pflanzen, Tiere und Steine mit einer christlichen Symbolik versieht. Der Kirchenlehrer Isidor von Sevilla brachte das Einhorn in Beziehung zu Maria.

Wenn von einer Jungfrau die Rede ist, dann liegt es nahe, an Maria und ihre fortwährende Jungfräulichkeit zu denken. Bei ihr findet das von den Jägern aufgescheuchte und verfolgte Einhorn Schutz und Hilfe. Vom Einhorn wird gesagt, daß es im Schoß einer Jungfrau zu schlafen vermöge und dann auch wehrlos den Jägern ausgeliefert sei. Sie haben es auf das Horn des Tieres abgesehen, denn ihm wird eine Heilkraft zugeschrieben, mit der alle Krankheiten besiegt werden können. Dies hat nicht wenige Apotheker veranlaßt, ihrem Geschäft den Namen „Einhorn-Apotheke" zu geben.

Das Einhorn wurde sogar als Symbol für Christus verstanden. So schreibt ein mittelalterlicher Theologe, der sich den Namen Johannes Chrysostomus beigelegt hat: „Die Einhörner sind gerecht und vor allen anderen Jesus Christus, der gegen seine Gegner mittels seines Kreuzes wie mit einem Horn kämpft; in diesem Horn ruht unsere Zuversicht." Das Horn wird verstanden als Zeichen der Kraft. Die Schuldigen werden niedergekämpft und vernichtet. Dies ist auch der Grund, daß das Einhorn zum Wappentier der englischen Könige wird, die sich damit als Hüter von Recht und Ordnung ausweisen wollen.

Das Einhorn mit seiner unbeschreiblichen Kraft und seiner Gabe zu heilen gehört in das Reich der Mythologie. Selbst wenn dann und wann ein mißgebildetes Reh mit nur einem Horn auftaucht, hat es weder die sagenhafte Kraft, die von ihm behauptet wird, noch besitzt es besondere medizinische Fähigkeiten und schon gar nicht läßt es sich von Jungfrauen fangen. Dies ist wohl auch der Grund, daß das Motiv der Madonna mit dem Einhorn kaum mehr auftaucht, obwohl es vielleicht gerade in der modernen Malerei ein ansprechendes Motiv wäre.

Im Mittelalter haben Künstler das Motiv der Jungfrau Maria mit dem Einhorn immer wieder aufgegriffen. Auch dem Barock, der ohnehin die Symbolik liebt, ist dieses Motiv noch vertraut. Es wird von den Malern vor allem bei Emblemen gerne verwandt. Dabei wird darauf verwiesen, daß Maria unsere besondere Zuflucht ist. So wie sich das Einhorn, von den Jägern gehetzt, zu Maria flüchtet und dort Schutz erfährt, so flieht der gläubige Mensch vor den Nachstellungen des Bösen zu Maria, der Zuflucht der Sünder. Mit dem 19. Jahrhundert geht auch die Zeit des Einhorns zu Ende, obwohl gerade das 19. Jahrhundert die Jungfräulichkeit Marias besonders betont, aber dafür werden dann andere Bilder verwendet. Blumen erhalten den Vorrang, allen voran die Lilie.

Im Zeichen des Fisches

Die hl. Verena

Legionäre schützten die Grenzen des römischen Weltreiches und führten seine Kriege. Sie waren am Limes stationiert und am Schwarzen Meer, in Britannien und im Norden Afrikas. Aus dem gesamten Herrschaftsbereich der Römer stammten diese Soldaten, die sich einer strengen militärischen Disziplin unterwarfen und körperliche Höchstleistungen zu vollbringen hatten.

Um 290 nach Christi Geburt war in der heutigen Schweiz eine Legion stationiert, die hauptsächlich aus Ägyptern bestand. Man nannte sie die Thebaische Legion. Ihr Kommandeur hieß Mauritius. Das Besondere dieses Heeresverbandes bestand darin, daß sich die meisten Legionäre zum Glauben an Jesus Christus bekannten. Die Nichte des Mauritius, Verena, ebenfalls eine Christin, befand sich beim Begleitpersonal der Truppe. Viel lieber wäre sie in Ägypten geblieben, um in der Einsamkeit der thebaischen Wüste zu leben. Viele Christen waren in der Zeit der Verfolgungen dorthin geflohen, um sich in Sicherheit zu bringen. Sie führten dort ein Leben der Jesusnachfolge. Sie hatten kaum genug zum Leben. Das Fasten gehörte neben dem Gebet zu ihrem Alltag.

Verena sehnte sich nach Ägypten zurück, aber sie mußte erkennen, daß ihre Aufgabe jetzt bei der Truppe war. Sie kannte sich aus mit allen möglichen Heilkräutern, und ihre Hilfe wurde täglich benötigt, bis es zu dem schrecklichen Massaker kam, bei dem die gesamte Legion wegen Befehlsverweigerung niedergemetzelt wurde. Kaiser Diokletian verlangte nicht nur den Treueid, sondern daneben ein Opfer vor seinem Standbild. Jeder Soldat mußte vortreten und einige Körner Weihrauch ins Opferbecken streuen. Dies lehnten die Christen ab. Für sie war weder der Kaiser noch der römische Staat gottgleich. Die christlichen Legionäre waren bereit, einen Eid zu leisten, nicht jedoch ein Opfer dazubringen. Dies erfüllte den Tatbestand der Befehlsverweigerung. Andere Legionen wurden beauftragt, die unbotmäßigen Soldaten hinzurichten. Der Ort, an dem dies geschah, trägt heute den Namen des tapferen Kommandeurs: St. Moritz.

Verena zählte zu den Augenzeugen des Martyriums ihres Onkels und seiner Gefährten. Was wäre nun nähergelegen, als auf dem schnellsten Weg in die Heimat zurückzukehren, um dort ihren Traum vom Einsiedlerleben in der Thebais zu verwirklichen. Doch für eine solche Reise fehlten ihr die Mittel. In der Nähe von Solothurn fand sie in einer Höhle die Bleibe, die sie sich gewünscht hatte. Mitleidige Frauen brachten ihr Brot und Obst, ansonsten lebte sie von dem wenigen, das der Wald bot. Sie erzählte ihren Besuchern von Jesus und begeisterte sie für den christlichen Glauben. Die Männer hörten von der Frau, hörten von Heilungen, und ein großes Mißtrauen erfaßte sie. Der Hexenaberglaube steckte tief in ihnen. Verena mußte erkennen, daß sie hier nicht länger bleiben konnte. Mit ihren wenigen Sachen machte sie sich auf den Weg und kam nach Zurzach.

In Zurzach lebte ein Priester. Nun konnte sie wieder zur heiligen Messe gehen, die sie solange hatte entbehren müssen. Nun konnte sie wieder beichten und die heilige Kommunion empfangen. Verena war überglücklich, allerdings stellte sie fest, daß es dem Priester an allem fehlte. Sie begann ihm seine Kleider zu richten, seine Behausung in einen ordentlichen Zustand zu versetzen und schließlich für ihn zu kochen. Der Priester war für diesen Dienst sehr dankbar, denn jetzt konnte er sich uneingeschränkt der Seelsorge widmen. Verena hat sich aus Mitleid des heruntergekommenen Pfarrhaushaltes angenommen. Jetzt sah sie darin eine wichtige Aufgabe. Nicht in der Einsamkeit, so sehr sie sich danach sehnte, erfüllte sich für sie der Wille Gottes, sondern in dem täglichen Einerlei eines Haushaltes. Der Priester aber erkannte, daß Verena sich nach der Wüste sehnte, deshalb empfahl er ihr, dieser innersten Berufung zu folgen. Erst nachdem Verena eine Frau gefunden hatte, die sich künftig um das Hauswesen des Priesters kümmern würde, verließ sie Zurzach, um wieder ein Leben der Abgeschiedenheit zu führen. Noch einige Jahre der Stille und des Gebetes, aber auch des Rates und der Hilfe für andere waren ihr geschenkt. Nach ihrem Tod wurden ihre Gebeine nach Zurzach gebracht. Schon bald wurde eine Kirche über ihrem Grab gebaut und Pilger kamen mit ihren Anliegen. Verena ist bis zum heutigen Tag eine der beliebtesten Schweizer Heiligen. Sie wird als Patronin der Pfarrhaushälterinnen verehrt. Häufig hat sie auf Bildern einen Wasserkrug und ein Stück Brot in der Hand, manchmal kann man sie auch mit einem Kamm und einem Fisch sehen. Der Fisch, das Geheimzeichen der Christen in den Zeiten der Verfolgung, will wohl an ihren treuen Glauben an Jesus Christus, den Sohn Gottes erinnern, könnte aber auch mit ihrem Aufenthalt am Rhein verbunden sein.

Wilde Tiere fürchteten ihn

Der hl. Magnus

Für die Christianisierung der Schweiz, Tirols und des Allgäu war das Kloster St. Gallen von ausschlaggebender Bedeutung. Die Mönche des Klosters machten sich auf, um in den kleinen und größeren Siedlungen das Evangelium zu verkünden. Nur selten wurden sie, gerade im Allgäu, von den Bewohnern wohlwollend aufgenommen. Diese Erfahrung mußte auch der Alemanne Magnus machen.

Fast 50 Jahre alt, sandte ihn der Abt von St. Gallen 746 in die Gegend von Kempten. Zwar hatte Magnus nicht wie andere Missionare Sprachschwierigkeiten. Aber die Alemannen waren mit ihren Göttern zufrieden, warum sollten sie an nur einen Gott glauben? Sie waren Kämpfer, wie sollten sie da plötzlich alle lieben? Sie standen auf der Seite des Siegers, und ihnen fehlte jedes Verständnis für einen, der am Kreuz gestorben ist. Magnus konnte noch so viel davon reden, daß die Götter eine menschliche Erfindung seien, den wahren Gott aber menschliches Denken gar nicht fassen könne, es konnte sie nicht überzeugen. Er konnte davon reden, daß Blutrache zum Untergang ganzer Familien und Kriege zum Untergang ganzer Stämme führten, das Verzeihen dagegen neue Hoffnung bringe – ihnen bedeutete die Ehre mehr als das Leben. Wenn Magnus vollends davon sprach, daß Jesus am Kreuz nicht Verlierer, sondern Sieger wurde, Sieger über den Tod, die Sünde und den Teufel, dann bewunderten sie seine Klugheit, aber mehr geschah nicht. Nur selten konnte er einen für den Glauben gewinnen und ihm die Taufe spenden. Das Kemptische war ein mehr als karger Ackerboden für den frommen Sämann.

Gerne folgte er deshalb dem Ruf des Augsburger Bischofs Wikterp, in der Gegend von Füssen die Menschen für Christus zu gewinnen. Hier war er sehr viel erfolgreicher. Das mag auch damit zusammenhängen, daß er weder Bären noch Schlangen fürchtete. Die Allgäuer erlebten, wie wilde Tiere vor Magnus die Flucht ergriffen. Das überzeugte sie mehr von der Kraft des christlichen Glaubens als alle wohlgemeinten Predigten. Die Legende berichtet sogar von einem wilden Drachen bei Roßhaupten, der Mensch und Vieh bedrohte, und dem Magnus mit dem Kreuz in der Hand entgegentrat. Der Drache schnaubte Feuer und Qualm, aber er wagte es nicht den Missionar anzugreifen. Magnus tötete das Ungeheuer und befreite damit das Allgäu von einer großen Gefahr.

Man deutet diese Überlieferung mit dem Kampf des Heiligen gegen das Heidentum, wie man auch den berühmten „Magnustritt“ bei Füssen der Legende zuordnet. Magnus habe beim Sprung über die Pöllatschlucht sich so energisch abgefedert, daß man noch heute diesen Tritt im Felsen sehen kann. Die Allgäuger gehen gern zum Magnustritt, denn es soll Glück bringen, wenn man seinen Fuß in den Fußabdruck des Heiligen stellt. Man wird freilich feststellen, daß die Schuhnummer des heiligen Magnus für die meisten zu groß ist. Wer aber wollte bestreiten, daß es Glück bringt, wenn man nicht nur symbolisch in die Fußstapfen des Heiligen tritt, der Christus nachgefolgt ist?

Magnus gründete in Füssen ein Kloster. Es wurde durch Pippin den Jüngeren reich beschenkt. Auch die Augsburger Bischöfe förderten das Missionszentrum. Als Magnus am 6. September 772 starb, hatte er im Allgäu dem christlichen Glauben den Weg bereitet. Man nennt ihn deshalb „Apostel des Allgäu“. Über seinem Grab wurde später eine Basilika errichtet und das Kloster zur Reichsabtei erhoben. Beide tragen den Namen „Sankt Mang“. Das Kloster wurde 1803 aufgehoben, und die Klosterkirche diente fortan als Pfarrkirche.

12. SEPTEMBER

Die Gottesmutter mit der Fliege

Die hl. Maria

Von Albrecht Dürer gibt es das Bild einer Rosenkranzmadonna, bei der er eine Fliege auf dem Gewand der Gottesmutter plaziert hat. Der Nürnberger Maler hat damit sein ganzes Können zum Ausdruck bringen wollen. Eine Fliege täuschend echt malen zu können, galt als Höhepunkt der Kunstfertigkeit. Giorgio Vasari erzählt in seinen Geschichten über Maler folgende Begebenheit: Der junge Giotto habe, als sein Meister Cimabue gerade nicht in der Werkstatt gewesen sei, auf die Nase eines Porträts, das dieser gerade fertiggestellt hatte, eine Fliege gemalt. Als Cimabue kam und die „Fliege“ sah, wollte er sie von dem Bild verscheuchen. Sie rührte sich freilich nicht vom Fleck. Da habe der Maler erkannt, daß es sich um eine gemalte Fliege handelte und Giotto seine Bewunderung ausgesprochen. Mit dieser Fliege hatte Giotto seinen Meister künstlerisch noch übertroffen.

Wenn Künstler der Renaissance und des Barock auf das Gewand Mariens oder das Jesuskind eine Fliege malen, ist dies weit weniger Ausdruck ihrer Kunstfertigkeit als eine theologische Aussage, die sie damit verbinden. Die Fliege ist nicht so bedeutungslos, wie es auf den ersten Blick erscheint, denn die Fliege wird mit dem Bösen in Verbindung gebracht. Bereits im Alten Testament kommen die Fliegen bei den zehn Plagen vor, die Ägypten heimsuchten, bevor der Pharao Mose und sein Volk ziehen ließ. Jesus spricht vom Teufel als dem „Beelzebul“, als dem Fliegengott. Darin drückt sich eine Verspottung des Gottes Baal aus, dem zeitweise die Mehrzahl des Volkes Israel gefolgt ist und dafür den Glauben an den einen und wahren Gott aufgegeben hat. „Fliegengott“ nennt Jesus diesen Götzen und setzt ihn mit dem Satan in eins. Wer sich gegen Gott entscheidet, wer anderen Göttern nachläuft, der verschreibt sich dem Bösen. Der Satan ist ein Fliegengott. Er herrscht über diese Quälgeister. So kurzlebig diese Kreaturen sind, genauso kurzlebig sind auch die Glücksversprechungen, die der Teufel macht und die nur um den Preis der Sünde zu erlangen sind.

So wird die Fliege zum Symbol des Bösen, der Sünde und des Verderbens. Maria wird von einer Fliege nicht erschreckt. Das Böse findet weder Zugang zu ihrem Herzen noch zu ihren Gedanken. Es bleibt draußen, aber es ist in der Welt vorhanden. Wenn ein Mensch stirbt, dann ist er der Verwesung ausgeliefert. Würde man ihn nicht bestatten, dann kämen die Fliegen, um den Prozeß der Verwesung zu beschleunigen. Maria aber ist mit Leib und Seele in den Himmel aufgenommen worden. Ihr Leib war nicht für die Verwesung bestimmt, weil sie die Mutter des Herrn ist und vom ersten Augenblick ihres Daseins an ohne Sünde war und dies bis zu ihrem Tod. Maria hat in allem den Willen Gottes angenommen. Sie hat sich Gott ganz überlassen. Der heilige Ignatius von Loyola sagt einmal: „Je mehr ein Mensch sich Gott überläßt, um so Größeres hat Gott mit ihm vor.“ Dies trifft auf Maria in ganz besonderer Weise zu.

Die Fliege auf einem Marienbild ist also mehr als eine künstlerische Spielerei, bei der ein Maler sein Können unter Beweis stellen möchte, es ist eine theologische Aussage über die Sündenlosigkeit Marias und über ihre Bewahrung vor der Verwesung. Es ist ein Bekenntnis zum Dogma der Unbefleckten Empfängnis Mariens und zum Dogma von der Aufnahme Mariens mit Leib und Seele in den Himmel.

Ein Löwe als Haustier

Der hl. Hieronymus

In vielen Kirchen befindet sich eine Darstellung des heiligen Hieronymus. Er gehört zu den abendländischen Kirchenvätern. Häufig ist er an Kanzeln oder in den Zwickeln des Langhauses zu sehen zusammen mit Ambrosius, Augustinus sowie Gregor dem Großen. Die vier Kirchenväter bilden sozusagen die Fortsetzung der vier Evangelisten.

Keiner der Kirchenväter aber war ein solcher Kenner der Heiligen Schrift wie Hieronymus. Der sprachbegabte Dalmatiner wurde von Papst Damasus I. († 384) beauftragt, die Bibel ins Lateinische zu übersetzen. Was Martin Luther mit seiner Bibelübersetzung im 16. Jahrhundert gelang, ein sprachliches Meisterwerk, das kann man auch von Hieronymus sagen. Der Dichter Paul Claudel nennt es „ein Denkmal wahrer Poesie". Für ihn ist es das größte Werk der lateinischen Sprache. Wie bei Martin Luther hat es auch schon vorher Übersetzungen des hebräischen und griechischen Urtextes gegeben, aber sie waren schwerfällig und reichten nicht entfernt an die von Hieronymus geschaffene „Vulgata" heran.

Hieronymus war aber nicht nur Übersetzer. Er schrieb auch Erläuterungen und Betrachtungen zur Heiligen Schrift. Der weitgereiste Gelehrte, der in Rom Rhetorik und in Konstantinopel Theologie studiert hatte, verstand es überall, wohin er auch kam, die Menschen zu begeistern. Er wollte allen den Reichtum der Bibel erschließen, denn er war der Überzeugung, wer die Heilige Schrift nicht kenne, kenne Christus nicht. In den Jahren seiner Arbeit für Papst Damasus schwärmten vor allem viele römische Frauen von seinen Predigten und Bibelvorträgen. Das wurde nicht von allen gerne gesehen. Mit seinen Kritikern ging Hieronymus hart ins Gericht, wie er überhaupt ein sehr temperamentvoller Mensch war.

Nach dem Tode seines Freundes und Gönners Papst Damasus hoffte er insgeheim, man würde ihn zum Nachfolger wählen. Seine Unausgeglichenheit, die von der größten Herzlichkeit bis zur schroffsten Ablehnung reichen konnte, ließ ihn, trotz seiner Gelehrsamkeit, erst gar nicht zu einem ernsthaften Kandidaten für den Stuhl Petri werden. Es wurde der römische Priester Siricius zum Papst gewählt, und Hieronymus reiste enttäuscht aus Rom ab. Er zog sich ins Heilige Land zurück. Fortan wollte er der Welt fliehen und das

Leben eines Einsiedlers führen. Er gründete ein Kloster in Bethlehem. Da eine ganze Reihe von Frauen aus Rom in seiner Nähe sein wollten, entstanden dort auch drei Frauenklöster.

Bei aller Abgeschiedenheit, in der Hieronymus lebte, pflegte er doch Kontakt zu dem großen Freundeskreis, den er besaß. Seine Briefe an Freunde zeigen den Seelsorger Hieronymus. Unablässig jedoch arbeitete er an seiner Übersetzung. Buch um Buch nahm er sich vor. Es war ein mühsames Arbeiten. An seinen Freund Eustachius schreibt er: „Dem Liebenden erscheint nichts zu hart und keine Mühe demjenigen zu schwer, der nach ihr begehrt." Immer wieder aber schaltete er sich in die religiösen Auseinandersetzungen seiner Zeit ein. Hier brach die Kämpfernatur hervor, die in 35 Jahren Einsiedlerleben erst allmählich zur Ruhe fand.

Bethlehem, der Geburtsort Jesu, war ihm zur Heimat geworden. An der Stätte, an der Jesus das Licht der Welt erblickt hat und die Engel ihr „Ehre sei Gott in der Höhe" gesungen haben, wollte er die Menschwerdung des Gottessohnes auf seine Weise preisen und in den Chor der Engel einstimmen. Einmal schreibt er: „Man verdient noch keine Anerkennung, wenn man in Jerusalem gewesen ist, sondern wenn man in Jerusalem gut gelebt hat… Die Stätten der Auferstehung und der Kreuzigung werden nur denen nutzen, die ihr Kreuz tragen, täglich mit Christus auferstehen und sich einer solch erhabenen Wohnstätte würdig machen." Hieronymus hat sich darum in Betlehem bemüht und ist schließlich ein Heiliger geworden. In den Darstellungen kann man ihn am Löwen erkennen, oft trägt er auch den großen roten Kardinalshut. Er gilt als Patron der Übersetzer und Dolmetscher.

Warum Hieronymus mit dem Löwen dargestellt wird, erzählt Jacob de Voragine in der „Legenda aurea". Eines Tages sei ein hinkender Löwe zur Behausung des Heiligen in Bethlehem gekommen. Während alle anderen geflohen seien, habe Hieronymus den Löwen wie einen Gast in seinem Haus willkommen geheißen. Der Löwe habe ihm seinen wunden Fuß gezeigt und der Gelehrte den Dorn entfernt. Und so sei der Löwe fortan bei dem Kirchenvater geblieben, als wäre er ein Haustier.

Ein Freund der Tiere

Der hl. Franziskus

Seine Eltern hatten ihm bei der Taufe den Namen Giovanni gegeben, aber sein Vater, der reiche Tuchhändler Pietro Bernardone, nannte ihn voller Glück „Francesco", kleiner Franzose, denn die Mutter des Kindes stammte aus dem Süden Frankreichs, aus der Provence.

Am wohlsten fühlte sich Francesco im Kreis seiner Freunde. Der väterliche Betrieb interessierte ihn nicht. Die Troubadoure begeisterten ihn. Ein Ritter und kein Kaufmann wollte er werden. Als es im Jahre 1202 zwischen Assisi und Perugia zum Krieg kam, zog Francesco hoch zu Roß in den Kampf. Assisi unterlag, und Francesco kam in Kriegsgefangenschaft. Ein ganzes Jahr verbrachte er im Gefängnis. Am meisten vermißte er den Gesang der Vögel und den Anblick der Blumen. Er hatte Zeit, über seine Zukunft nachzudenken. Sie lag dunkel vor ihm, bis er bei einer heiligen Messe, inzwischen war er 28 Jahre alt, Jesu Worte im Evangelium hörte: „Ich sende euch wie Lämmer mitten unter die Wölfe. Tragt nicht Beutel, noch

Tasche, noch Schuhe..." Das war seine Berufung. Er wollte Jesus nachfolgen. Das Evangelium wortwörtlich leben. Arm wollte er sein und den anderen Jesus nahebringen.

Bald fand Franziskus Gefährten, die das gleiche Ideal wie er hatten. Es war keineswegs ein idyllisches Leben. Wie oft gingen die Brüder hungrig zu Bett, genauer: sie legten sich schlafen, denn ihr Bett war die bloße Erde. Trotzdem ging von Franziskus und seinen Gefährten, den „Minderbrüdern" wie sie Papst Innozenz III. nannte, eine große Freude aus. Franziskus erhielt vom Bischof die Erlaubnis, predigen zu dürfen. Er tat dies mit großer Begeisterung. Nichts wollte er mehr als andere für Christus gewinnen. Den Frieden und die Freude wollte er jedem verkünden, ganz gleich ob Mensch oder Tier. Er nahm das Evangelium wortwörtlich. Im Sendungsbefehl Jesu an seine Jünger heißt es beim Evangelisten Markus: „Gehet hin in alle Welt und verkündet das Evangelium aller Kreatur!"

Der heilige Bonavenura erzählt: Eines Tages habe Franziskus ein Schaf geschenkt bekommen. Er habe es dankbar angenommen, weil es ihm und den Brüdern in seiner Unschuld und Einfalt als Vorbild diente, allerdings ermahnte Franziskus das Schaf, es dürfe die Brüder beim Beten nicht stören. Als die Brüder zur Kirche gingen, um dort zu beten, schloß das Schaf sich ihnen an, und ohne daß es jemand angeleitet hätte, beugte es bei der heiligen Wandlung, sobald der Priester Hostie und Kelch erhob, das Knie. Das erbaute die Andächtigen und mahnte die Unandächtigen. Eines Tages brachte man Franziskus einen Hasen. Franziskus setzte ihn zur Erde, redete ihm gut zu und meinte, er dürfe nun hingehen, wohin immer er wolle. Da sprang der Hase auf und hoppelte zu Franziskus, der ihn auf seine Arme nahm und streichelte. Nur sehr widerwillig ließ er sich davon überzeugen, dass er in die Freiheit entlassen worden war. Bei ihrer Wanderschaft durch Venetien kam Franziskus an einem großen Strauch vorbei, auf dem zahlreiche Vögel umherschwirrten und nach Herzenslust trillierten. Franziskus sagte zu seinen Brüdern: „Loben wir mit unseren Schwestern, den Vögeln, den Schöpfer." Dann wandte er sich den Vögeln zu und bat sie, ein wenig mit ihrem Gesang aufzuhören, damit er mit seinen Brüdern das Stundengebet verrichten könne. Tatsächlich verstummten die Vögel. Kaum aber waren die Brüder mit ihrem Beten fertig, erklangen ihre Lieder noch froher als zuvor.

Als sich Franziskus auf den Alverno zurückgezogen hatte, leistete ihm ein Falke Gesellschaft. Zu den Stunden des Gebetes erhob er ein Geschrei, das man nicht überhören konnte. Der Heilige dankte dem Falken für diesen Freundschaftsdienst. Als Franziskus den Ameisen zuschaute, da mahnte er sie: „Wißt ihr denn nicht, meine Schwestern, daß es dem Evangelium widerspricht, Vorräte zu sammeln und Speicher anzulegen, weil jeder Tag seine eigene Plage hat?“ Der Schriftsteller Heinrich Federer hat in der Erzählung „Das Sterbestündlein des Papstes“ sehr feinsinnig die Liebe des Franziskus zu den Tieren geschildert, wo er sich sogar die Zeit nimmt, einer Spinne das zerrissene Netz zu flicken und dafür den Papst warten läßt.

Die Predigten des Franziskus richteten sich natürlich in erster Linie an seine Mitchristen. Ihnen hat er nicht selten die Tiere als Vorbilder hingestellt. Unablässig zog er durch die Lande. Er kam bis nach Spanien und Dalmatien, sogar mit den Kreuzfahrern bis nach Ägypten, wo er den Sultan vergeblich zu bekehren versuchte. Franziskus, der Jesus nachfolgen wollte und das Evangelium wortwörtlich nahm, war schließlich Christus so gleichförmig geworden, daß sein Körper sogar die Wundmale Jesu trug. Als er den Tod nahen fühlte, fügte er seinem Sonnengesang noch die Strophe hinzu: „Gelobt seist du, mein Herr, durch unsern Bruder, den leiblichen Tod, ihm kann kein lebender Mensch entrinnen. Gerade 45 Jahre alt, starb er am 3. Oktober 1226. Die Faszination, die von seiner gelebten Christusnachfolge ausgeht, reicht bis in unsere Zeit.

Der Wolf kam zurück

Der hl. Simpert

Als Simpert im Jahre 778 Bischof von Augsburg wurde, hatten die Karolinger bereits ihre Hand im Spiel. Die Historiker haben herausgefunden, daß Simpert aus einer Adelsfamilie im Aichacher Raum stammte, die den Franken nahestand, deshalb erhielt er seine Ausbildung im elsässischen Kloster Murbach.

Dank seiner Beziehungen zu König Karl, der im Jahre 800 zum römischen Kaiser gekrönt wurde, gelang es ihm bei der Neueinteilung der Bistümer, das Bistum Neuburg-Staffelsee mit Augsburg zu vereinen. Die Diözese weitete sich nun bis hin nach Starnberg, Murnau und Benediktbeuren. Hatte schon Pippin Schenkungen an den Dom zu Augsburg gemacht, so erfolgten unter Kaiser Karl dem Großen erneut Stiftungen, die es dem Bischof möglich machten, den Dom zu bauen, das Kloster St. Afra wiederzuerrichten und ebenso das Kloster St. Mang in Füssen. Simpert erwies sich als bedeutender Bauherr und Förderer der Kunst.

Große Aufmerksamkeit wandte er der Heranbildung eines gebildeten Klerus zu. Die Pfarrer sollten nicht nur lesen und schreiben können, die lateinische Sprache beherrschen, sondern auch über Bibelkenntnisse verfügen und sich in der Lehre der Kirche auskennen. Eine Domschule sollte diese Aufgabe erfüllen.

Wiederholt treffen wir Bischof Simpert auf den Synoden an. Zwischen 788 und 800 übernahm er die Aufgaben eines Königsboten. Dies zeigt das hohe Vertrauen, das Karl der Große in den Augsburger Bischof setzte. Im Jahre 799 überbrachte er der Synode von Reisbach bei Dingolfing, die unter dem Vorsitz des Salzburger Bischofs Arn tagte, die Vorschläge des Königs. Damit war gewissermaßen die Tagesordnung gegeben. Man befaßte sich mit den Lebens- und Rechtsverhältnissen von Welt- und Ordenspriestern, der Errichtung von Taufkirchen, der Teilnahme von Laien an Gottesdiensten und mit Schenkungen an Klöster oder Kirchen. Ein Zeichen allerhöchsten Vertrauens für den Augsburger Bischof ist auch darin zu sehen, daß Karl der Große ihm zwei vornehme sächsische Geiseln zu treuen Händen übergab. Der Kaiser hoffte, daß der Einfluß des frommen Bischofs sich gut auf die Gefangenen auswirkte und mithelfe, das Christentum bei den widerspenstigen Sachsen einzupflanzen.

Bischof Simperts Sorge galt immer auch den Armen und Kranken. Sie sollten wenigstens nicht hungern müssen und ein Dach über dem Kopf haben. Sie betrauerten seinen Tod am 13. Oktober 808 am allermeisten, verloren sie doch in Bischof Simpert einen Wohltäter, der für ihre Not Verständnis hatte und auf Hilfe bedacht war.

Ein Buch über die Wunder, die an seinem Grab in der Basilika St. Afra geschahen, berichtet von Krankenheilungen aller Art. Eine blinde Frau aus Mattsies wurde am Grab des Heiligen wieder sehend. Eine Frau aus Memmendorf bei Fürstenfeldbruck konnte ihren gelähmten Arm wieder gebrauchen. Ein Mann, der an einer Geschwulst litt, wurde wieder gesund. Bei Steinleiden, Nierensteinen oder Gallensteinen suchte man Zuflucht beim heiligen Simpert. Besonders bekannt geworden ist eine Begebenheit im Oberland: Eine Bäuerin vermißte ihr Büblein. Es war von zu Hause fortgelaufen. Das Kind war sich der Gefahr nicht bewußt, in der es schwebte, denn im nahen Wald hausten Wölfe. Die Frau, die alljährlich zum Grab des Heiligen pilgerte, betete inständig, St. Simpert möge ihr von Gott die Gnade erflehen, daß sie ihr Kind lebend wiedererhalte. Da kam der Wolf und brachte ihr das Kind unversehrt zurück. Voll Dankbarkeit opferte sie einen Wolf aus Wachs, der ein Kind im

Maul trägt, und legte diese Votivgabe am Grab des heiligen Simpert nieder. Seitdem wird Bischof Simpert mit dem Wolf, der das Kind trägt, dargestellt.

Sein Symbol ist der Stier

Der hl. Lukas

In vielen Kirchen können wir eine Figur oder ein Bild des heiligen Lukas entdecken. Zumeist ist er mit den anderen Evangelisten an der Kanzel zu sehen. Wir erkennen ihn an dem Stier, der ihm als Symbol mitgegeben wird. In den barocken Fresken haben ihn die Maler nicht selten auch mit Pinsel und Palette sowie einem Marienbild verewigt.

Wie kommt der Heidenchrist Lukas zu diesen Beigaben? Da jeder Evangelist in seiner Lebensbeschreibung Jesu andere Schwerpunkte setzt, suchte man schon sehr früh die besonderen Akzente herauszustellen. In der Offenbarung des Johannes ist die Rede von den vier Wesen am Throne Gottes. „Das erste Lebewesen glich einem Löwen, das zweite einem Stier, das dritte sah aus wie ein Mensch, das vierte glich einem fliegenden Adler“ (Offb 4,7). Dieser Beschreibung sind die Evangelistensymbole entnommen, die seit dem Kirchenvater Hieronymus, dem wir die Vulgata verdanken, Allgemeingut geworden sind. Er sieht die Symbole in den Anfängen der Evangelien begründet und nachdem Lukas mit dem Opfer des Zacharias beginnt, hat er ihm den Stier zugeordnet.

Zu den Kostbarkeiten des Lukasevangeliums gehören die ersten beiden Kapitel. In ihnen wird über Maria, über die Ereignisse in Nazareth, die Geburt und Kindheit Jesu berichtet. Wegen des so lebensnahen und innigen Bildes, das der Evangelist von der Mutter des Herrn mit seinen Worten zeichnet, hat man ihm ein malerisches Talent zugeschrieben. Das erste Marienbild stamme von seiner Hand, weiß die Legende zu berichten.

Aber begeben wir uns vom unsicheren Boden der Legende, so liebenswert sie ist, auf den weitaus sichereren des Evangeliums, das uns Lukas, der Schüler des heiligen Paulus, aufgeschrieben hat. Seelsorgliche Gründe veranlassen ihn zu seinem Aufzeichnungen. Theophilus, ein Mitchrist, soll sich selber von „der Zuverlässigkeit der Lehre überzeugen können, in der er unterwiesen wurde“ (Lk 1,4). Lukas beteuert, daß er „allem von Grund auf sorgfältig nachgegangen ist“ (Lk 1,3).

Der Evangelist, der sich auf frühere Aufzeichnungen stützen kann, da „schon viele es unternommen haben, einen Bericht über all das abzufassen, was sich unter uns ereignet und erfüllt hat“ (Lk 1,1), war selber kein Augenzeuge, deshalb befragt er Menschen, die Jesus noch gekannt und erlebt haben. Auf diese Weise hat er manches festgehalten, das sonst vergessen worden wäre. Er spürt Berichte auf, die von der Güte und vom Erbarmen Gottes sprechen, um sie der Nachwelt zu überliefern. Wen rührt nicht die Begebenheit mit der Sünderin, die Jesus mit ihren Tränen die Füße wäscht und sie mit ihren Haaren trocknet? Wer freut sich nicht über den Zöllner Zachäus, dem Jesus seine Sünden verzeiht? Lukas sieht in Jesus den Heiland, der sich der leiblichen und seelischen Not erbarmt. Das Tagesgebet hebt diesen Gedanken hervor, wenn es uns beten läßt: „Herr, unser Gott, du hast den Evangelisten Lukas auserwählt, in Wort und Schrift das Geheimnis deiner Liebe zu den Armen zu verkünden. Gib, daß alle, die sich Christen nennen, ein Herz und eine Seele sind, und laß alle Völker der Erde das Heil schauen, das du ihnen bereitet hast."

Lukas berichtet nicht nur über das Leben Jesu, er berichtet auch über die frühe Kirche in seiner Apostelgeschichte. Auch diese Aufzeichnungen machte er, wie im Vorwort zu lesen ist, für seinen Freund Theophilus. Er berichtet davon, daß die Christen am Anfang ein Herz und eine Seele waren, aber er verschweigt auch die Menschlichkeiten nicht, die sich sehr rasch eingestellt haben. Er läßt uns teilnehmen an der Steinigung des Stephanus. Wir werden Zeugen des Prozesses gegen Petrus und Johannes vor dem Hohen Rat. Vor allem aber berichtet er wie der bekehrte Paulus unermüdlich die frohe Botschaft vom gekreuzigten und auferstandenen Herrn verkündet. Er hält seinem väterlichen Freund Paulus, dem er den Glauben verdankt, die Treue auch in den schweren Tagen der römischen Gefangenschaft. „Nur Lukas ist noch bei mir", schreibt Pauls im zweiten Brief an Timotheus (2 Tim 4,11).

Nach dem Martyrium des Völkerapostels, der den Heiden, wie Lukas einer war, den Zugang zum Glauben an Jesus Christus eröffnet hat, machte sich der Evangelist wieder auf den Weg, um den Menschen die frohe Botschaft zu verkünden. Alle sollten es erfahren: „Das Reich Gottes ist euch nahe." Den Christen aber legte er Jesu Wort ans Herz: „Bittet den Herrn der Ernte, Arbeiter in seine Ernte zu schicken" (Lk 10,2). Diese Bitte legt er, der „Evangelist der Güte" wie ihn der Dichter Dante bezeichnet hat, auch uns ans Herz, „denn die Ernte ist groß, aber es gibt nur wenig Arbeiter" (Lk 10,2).

Ein Königssohn wird Hirte

Der hl. Wendelin

Neben dem heiligen Leonhard ist der heilige Wendelin ein Viehpatron. Während man den heiligen Leonhard vor allem als Fürsprecher bei Kühen und Pferden anruft, wendet man sich bei Schafen und Ziegen an den heiligen Wendelin. Die Kleinhäusler und Taglöhner fühlten sich deshalb von jeher dem frommen Einsiedler verbunden.

Wendelin lebte im 6. Jahrhundert. Die Legende erzählt, er sei ein Königssohn aus Irland gewesen, der eine Wallfahrt zu den Gräbern der Apostelfürsten nach Rom unternommen habe. Die Armut der Menschen, denen er begegnete, rührte ihn an, so daß er alles, was er besaß, herschenkte. Auf dem Heimweg mußte er selbst betteln. Ein reicher Gutsbesitzer in der Gegend von Trier beschimpfte ihn als Tagdieb, der den Leuten das Geld aus der Tasche ziehe, aber zu faul sei, um selber zu arbeiten. Wendelin ließ sich dies nicht zweimal sagen. Er werde jede Arbeit verrichten, die man ihm geben werde. Der Gutsbesitzer schickte ihn zu den Schweinen. Wendelin kümmerte sich um sie.

Schon auf seiner Pilgerfahrt nach Rom hatte er darüber nachgedacht, wie er Jesus am besten nachfolgen könnte. Nun war er arm wie Jesus. Nun war er ein Arbeiter wie Jesus. Nun wurde er verspottet wie Jesus. Wendelin sehnte sich nicht mehr nach seiner irischen Heimat, er sehnte sich nach der ewigen Heimat im Himmel. Dorthin wollte er kommen, deshalb nahm er die Schikanen seines Arbeitgebers auf sich, deshalb ertrug er den Spott der Knechte und Mägde. Sie nannten ihn „Betbruder“ und „Heuchler“, sie hielten ihn für scheinheilig und ließen es ihn spüren. Wendelin wehrte sich nicht.

Man vertraute ihm die Schafe an. Mit ihnen zog er übers Land. Nun mußte er nicht mehr hören, was sie über ihn redeten. Freilich, hätte sein Bauer gewußt, daß Wendelin stundenlang ins Gebet vertieft sein konnte und die Schafe sich selbst überließ, dann hätte er seinen Zorn zu spüren bekommen. Aber mußte nicht selbst er feststellen, daß ein Segen auf der Arbeit Wendelins ruhte? Die Schafe gediehen und waren gesund, was wollte er mehr?

Eines Tages begegnete Wendelin einem Einsiedler. Er kam mit ihm ins Gespräch und entschloß sich, gleichfalls Einsiedler zu werden. Niemand sollte ihm mehr vorwerfen können, er vernachlässige seine Schafe. Er würde nur mehr für sich sorgen. Bereit wollte er sein, wenn der Herr ihn heimruft.

Noch war es nicht so weit. Es kamen noch andere, die leben wollten wie Wendelin. Der Bischof von Trier bestimmte daraufhin Wendelin zum Abt. Er sollte den verstreuten Einsiedlern ein geistiger Vater sein, denn der Bischof befürchtete, daß nicht jeder der Einsamkeit und Armut gewachsen sein könnte. Diese Verantwortung drückte Wendelin, aber er entzog sich ihr nicht. Manchmal freilich sehnte er sich nach seinen Schafen zurück, denn sie waren leichter zu führen als eigenbrötlerische Einsiedler.

Als er den Tod nahen fühlte, ließ er nach dem Trierer Bischof schicken. Ihm vertraute er auf dem Sterbebett an, daß er aus königlichem Hause stamme und alles verlassen habe, um Christus nachzufolgen. Man schrieb das Jahr 617, als man Wendelin neben seiner Einsiedelei bestattete. Schon bald wurde eine Kapelle, schließlich eine Kirche erbaut. Der Ort, der bei dem Gotteshaus entstand, nannte sich St. Wendel. Die Verehrung des Heiligen aber verbreitete sich in alle Welt. Man zählt mehr als 1500 Kirchen und Kapellen, die dem Heiligen geweiht sind, aber es gibt noch weit mehr Bilder und Statuen, die den Fürsprecher der kleinen Leute rühmen.

Seinem Schutz empfahl man Pferde und Kühe

Der hl. Leonhard

Wenige Heilige erfreuen sich solcher Beliebtheit wie der heilige Leonhard. Erinnern die Pestpatrone Rochus und Sebastian an die tödliche Krankheit, die ganze Dörfer zum Aussterben gebracht hat, so läßt der heilige Leonhard auf eine blühende Landwirtschaft schließen. Bei ihm fühlten die Bauern ihre Sorgen gut aufgehoben. Ihn rief man an, wenn Viehseuchen den Hof heimsuchten. Seinem Schutz empfahl man Pferde und Kühe. Und obwohl die Bauern in den Dörfern immer weniger werden, hat die Verehrung des heiligen Leonhard nicht abgenommen. Landauf landab finden Leonhardiritte statt, und die Wallfahrt zum heiligen Leonhard nach Inchenhofen im bayerischen Schwaben, einst eine der größten Europas, hat in jüngster Zeit wieder neuen Auftrieb erhalten.

Die Verehrung des Heiligen hat recht irdische Motive. Roß und Reiter stellen sich unter seinen Schutz. Sie wollen gesund bleiben. Ein Pferd bedeutete früher ein Vermögen. Es zu verlieren war ein herber Verlust. Der Reitsport gehört auch heute zu den kostspieligen Vergnügungen, und ein krankes Pferd bereitet seinem Besitzer große Sorgen. Doch von alldem spricht die Liturgie am Leonhardstag nicht.

Im Tagesgebet ist die Rede von dem Einsiedler Leonhard, den Bilder und Figuren als stattlichen Abt mit Stab und Brustkreuz im Habit der Benediktiner zeigen. Die Gefangenen hat er befreit und die Sünder auf den rechten Weg geführt. Er „löse uns aus den Fesseln der Sünde und erhalte uns in der Freiheit", betet die Kirche. Die Ketten, die dem Heiligen als Attribut beigegeben sind, haben nichts mit dem Vieh zu tun, sondern sie erinnern an die schrecklichen Schicksale der Gefangenen im 6. Jahrhundert. Leonhard trat für diese Menschen ein. Nicht wenige waren wegen Unbotmäßigkeit inhaftiert. Sie hatten weder gestohlen noch ein anderes Verbrechen begangen, sie hatte nur die Obrigkeit kritisiert. Schrecklich mußten sie es büßen.

Leonhard hatte den Mut, dem König seine Kritik offen ins Gesicht zu sagen. Statt aber ebenfalls im Kerker zu enden, konnte er das Herz des Herrschers bewegen. Die Gefangenen wurden frei.

Woher nahm Leonhard diesen Mut? Das Evangelium gibt uns die Antwort. Er hat begriffen, daß es in diesem Leben um eine Ewigkeit geht. So wie der Mann, der den Schatz im Acker gefunden hat, alles daran setzt, um den Acker zu erwerben, so hat Leonhard alles aufgegeben, um nur mehr für Jesus und sein Reich zu leben. Sein Herz hing nicht mehr an Geld und Gut, auch nicht an lieben Menschen. Sein Herz gehörte Christus. Leonhard verließ die Welt mit ihrem Streben nach Macht und Einfluß. Mit dem heiligen Paulus konnte er sagen: „Ich vergesse, was hinter mir liegt, und strecke mich aus nach dem, was vor mir liegt. Das Ziel vor Augen, jage ich nach dem Siegespreis der himmlischen Berufung."

Leonhard wäre bereit gewesen, ins Gefängnis zu gehen oder den Tod zu erleiden, als er vor den König trat. Er wußte, daß sein Herrscher nicht vor einer solchen Tat zurückschrecken würde, er wußte aber auch, daß er ihm nur das irdische Leben rauben konnte, nicht aber das ewige Leben. Indem er seinem König die Wahrheit sagte und ihm sein Unrecht vor Augen hielt, ging es ihm nicht allein um das Leben, ein menschenwürdiges Leben der Gefangenen, sondern auch um das ewige Heil seines Königs.

Leonhard war erfolgreich. Das hat man ihm nie vergessen. Man bewahrte ihm im Frankenreich über den Tod hinaus ein ehrendes Gedenken und überall, wohin die Franken in späteren Jahrhunderten kamen, rühmten sie den heiligen Einsiedler.

Es lag nahe, einem Heiligen, der für menschliche Nöte soviel Verständnis hatte, die eigenen Nöte anzuvertrauen, und was lag näher als die Sorgen in Haus und Hof. Die Wöchnerinnen flehten um eine glückliche Geburt und vergaßen auch ihren Dank nicht. Immer häufiger aber wandte man sich an den heiligen Leonhard, wenn es ums Vieh ging. Daß man nicht unerhört blieb und auf ihn das Fürsprecher bauen konnte, davon erzählen zahlreiche Votivtafeln und manche Leonhardskapelle.

Der heilige Leonhard erweist sich als Helfer in irdischen Nöten und er möchte, daß sich unsere Herzen für die Nöte der anderen öffnen, vor allem aber, daß wir wie er den Schatz entdecken, für den sich der Einsatz des Leben lohnt: den Himmel.

Sein Hund wurde vergiftet

Der hl. Gottfried von Amiens

Gottfried aus dem Geschlecht der Grafen von Soissons wurde in das Zeitalter der kirchlichen Reform hineingeboren. Das Kloster Cluny und Papst Gregor VII. waren prägend für diese Epoche. Der Einfluß von Kaiser und weltlicher Macht wurden zurückgedrängt. Die frommen Eltern gaben Gottfried, der 1065 das Licht der Welt erblickt hatte, bereits mit fünf Jahren in das Kloster der Benediktiner von Mont Saint-Quentin in der Nähe von Amiens. Hier sollte ihr Sohn erzogen werden. Das Kloster mit seiner Schule bot eine gediegene Bildung. Wer durch diese Schule gegangen war, eignete sich für Leitungsfunktionen in Kirche und Staat.

Gottfried von Soissons trat bei den Benediktinern ein und wurde Mönch. Es war für ihn keine Frage der Versorgung, sondern innerste Berufung. Mit 25 Jahren empfing er die Priesterweihe. Bereits ein Jahr später wurde er Abt des Klosters Nogent-sous-Coucy. Er sollte den zerstrittenen Konvent wieder befrieden und die Mönche zu einem

Ordensleben zurückführen, das diesen Namen verdient. Dies gelang ihm sehr bald. Außenstehende staunten über das Geschick des jungen Abtes, der mit großer Klugheit und einer Mischung von Güte und Strenge die Gemeinschaft leitete.

Als man 1104 einen Bischof für Amiens suchte, stand schon bald fest, daß es keinen geeigneteren Kandidaten gab als Gottfried. Er wehrte sich. Er betonte seine Unfähigkeit. Er verwies auf seine Unwürdigkeit. Die Wahl fiel trotzdem auf ihn. Schweren Herzens übernahm er das Bischofsamt. In seine Bischofsstadt zog er als Büßer ein, nicht als Fürst, der er nun war. Er trug ein Bußgewand und durchschritt barfuß das Tor der Stadt und das Portal der Kathedrale. Das war ein deutliches Zeichen, daß er nicht herrschen, sondern dienen wollte. Die Liebe Christi wollte er verkünden. Er besuchte die Pfarreien, und wo sich Mißstände eingeschlichen hatten, räumte er ohne Zögern auf. Pfarrer, die ihm den Gehorsam verweigerten, enthob er ihres Amtes.

Dies schuf ihm nicht nur Freunde. Man wollte ihn sogar vergiften. Als er bei einer Mahlzeit das Brot in den Wein tauchte und den Bissen seinem Hund gab, verendete das Tier unter schrecklichen Qualen. Der Anschlag hatte Bischof Gottfried gegolten. Vielen wäre ein weniger frommer Bischof lieber gewesen. Aber eines mußte man anerkennen, er kümmerte sich wie kein zweiter um Arme und Kranke. Täglich wurden dreizehn Arme zur bischöflichen Tafel geladen. Der Bischof trat auch für die Rechte der Bürger gegenüber der königlichen Verwaltung ein. Dies wurde als Aufforderung zum Widerstand mißverstanden. Gottfried wurde bedroht. Er floh daraufhin. Man bat ihn jedoch eindringlich zurückzukehren. Der Hirt gehöre zu seiner Herde. Er dürfe auch nicht zurückweichen, wenn Wölfe ihn und seine Herde bedrohten. Dieses Argument überzeugte ihn, aber wenige Monate später starb er am 8. November 1115, erst 50 Jahre alt.

Bischof Gottfried von Amiens war immer Mönch geblieben, dies zeigte sich nicht nur darin, daß er im Alltag immer das Mönchsgewand trug, sondern auch in seiner Bescheidenheit, die allen Luxus verabscheute. Gottfried hatte keinen Sinn für große Feste. Dieses Geld verwendete er lieber für die Armen. Daß nicht alle den frommen Bischof liebten, kommt auch darin zum Ausdruck, daß er häufig mit dem toten Hund zu seinen Füßen dargestellt wird.

GÄNSE VERRIETEN IHN

Der hl. Martin

Auf den Martinstag freuen sich vor allem die Kinder. Mit ihren bunten Lampen ziehen sie zur Kirche, singen frohe Lieder und hören die Geschichte vom heiligen Martin, der mit dem Bettler seinen Soldatenmantel teilte. Im Traum erscheint ihm Jesus. Er ist bekleidet mit der Mantelhälfte, die Martin dem Bettler geschenkt hat. Die Nächstenliebe steht ganz groß über dem Martinstag.

Freilich nicht alle können sich auf den Martinstag freuen. Die Gänse mögen diesen Tag ganz und gar nicht, denn ihnen geht es an den Kragen. Mehrere Gründe werden dafür angeführt. Am bekanntesten ist folgender: Als in Tours 371 der Bischof gestorben war, sind die Priester des Bistums nach der Beerdigung zusammengekommen, um einen Nachfolger zu wählen. Martin merkte, daß die Wahl auf ihn zulief. Da verließ er kurzerhand die fromme Versammlung und wollte sich verstecken. In der Eile hatte er sich einen Gänsestall als Unterschlupf ausgesucht. Die Gänse erhoben lauthals Protest gegen den ungebetenen

Besucher. Ihr aufgebrachtes Geschnatter verriet das Versteck Martins. Die Wahlversammlung eilte zum Gänsestall und teilte ihm mit, daß die Wahl auf ihn gefallen sei. Zur Strafe, weil sie ihn verraten hatten, mußten die Gänse dran glauben, und sie wurden beim Festmahl nach der Bischofsweihe von den Festgästen verzehrt.

Ein anderer Grund, warum Gänse am Martinstag im Bratentopf landen, ist ihr störendes Geschnatter. Bischof Martin, der es verstand, die Menschen für Christus zu begeistern und landauf landab die frohe Botschaft verkündigte, wurde einmal bei seiner Predigt so nachhaltig von schnatternden Gänsen gestört, daß er die Predigt unterbrach und dafür sorgte, daß sie endgültig zum Schweigen gebracht wurden. Es ist nicht überliefert, ob er die Predigt anschließend fortsetzte oder ob sich die Hörer gleich an die Zubereitung der Gänse gemacht haben und sich den Braten schmecken ließen, zu dem ihnen der heilige Martin verholfen hat.

Manche freilich meinen, man habe dem heiligen Martin, dessen Verehrung die Franken überallhin ausbreiteten, nur deshalb eine Gans als Symbol beigegeben, weil sein Name auf den römischen Kriegsgott Mars zurückgeht. Mars aber hat als Symbol neben dem Schwert die Gans. Gänse können sowohl im Angriff wie in der Verteidigung

Glanzleistungen vollbringen. Die Römer hielten überhaupt viel von Gänsen. Das römische Kapitol, in dem die ganzen Staatsdokumente aufbewahrt wurden, ist einmal im letzten Augenblick durch schnatternde Gänse davor bewahrt geblieben, daß Feinde es in Brand stecken konnten. Seither hatten die Gänse auf dem Kapitol das Paradies auf Erden. Keine einzige landete im Backofen, aber überlebt hat auch keine. Mit dem Untergang Roms endete dieses Paradies. Es ist nicht bekannt, daß die Amerikaner auf ihrem Kapitol in Washington ein Gänseparadies eingerichtet haben. Sie setzen mehr auf ihre zahlreichen Geheimdienste.

Früher begann nach dem Martinstag in den Klöstern das vorweihnachtliche Fasten. Ähnlich wie man sich auf Ostern durch eine Fastenzeit vorbereitet, so hielt man es auch mit Weihnachten. Damit verschwanden alle Fleischspeisen vom Speisezettel. Auch Fett, Schmalz und Eier gab es nicht mehr. Deshalb hat man sich an all den guten Dingen noch einmal richtig satt gegessen, um dann für die Fastenzeit gerüstet zu sein. Die Gänse wurden auch deshalb geschlachtet, weil sie draußen kein Futter mehr fanden und man sie nicht über den Winter durchfüttern wollte, nicht zuletzt aber, weil sie zu diesem Zeitpunkt am schmackhaftesten waren. Die Martinsgans war schließlich auch ein Zahlmittel. Man zahlte seine Abgaben an Adel und Geistlichkeit häufig in Naturalien. Die Gans war die Währung des kleinen Mannes. Aus den Federn wurden dann die Gänsekiele gewonnen, mit denen man schrieb, und die Federbetten, in denen sich der Winter gut überstehen ließ.

Nicht alle konnten sich eine Gans leisten. Nicht in jedem Haus brutzelte am Martinstag eine Gans im Bratenrohr. Die armen Leute, Vegetarier wider Willen, machten sich Schmalzgebackenes oder formten Gänse aus Teig und ließen sich ihre „Martinsgänse", von denen man getrost mehr als eine essen konnte, schmecken.

ER ZÄHMTE DEN BÄREN

Der hl. Korbinian

Der Gedenktag der meisten Heiligen ist ihr Todestag. Damit will die Kirche zum Ausdruck bringen, daß der Sterbetag eines heiligmäßigen Menschen sein Geburtstag für den Himmel ist. Man müßte deshalb das Fest des heiligen Korbinian am 8. September feiern, denn am 8. September 725 starb der Bischof auf dem Freisinger Domberg. Warum aber begeht man seinen Gedenktag erst am 20. November?

Zunächst hatte man den letzte Willen des Verstorbenen respektiert. Er wollte im Südtiroler Kuens an der Seite von Bischof Valentin begraben sein. Aber bereits 40 Jahre nach seinem Tod holten die Freisinger ihren Bischof heim, um ihn im Freisinger Dom beizusetzen. Dies war am 20. November 765. Man mag dies als den Schlußpunkt hinter ein Leben betrachten, in dem es eigentlich immer anders kam, als es Korbinian gewollt hatte.

In jungen Jahren wollte er Einsiedler werden. Er hatte sich aus der Welt zurückgezogen und nahe seiner Heimat im Süden von Paris bei einer Kapelle eine Klause errichtet. Statt Einsamkeit zu finden, wurde er Tag und Nacht von Ratsuchenden belagert. Er sollte und wollte für diese armen Menschen beten, aber sie ließen ihm fast keine Zeit dazu.

Korbinian floh. Er fühlte sich dieser ständigen Belastung nicht gewachsen. Er ging nach Rom. In der Weltstadt glaubte er eher untertauchen zu können. Beim Grab des Petrus sah man ihn täglich verweilen. Man wurde auf den Franken aufmerksam. Papst Gregor II. weihte ihn zum Bischof und sandte ihn in die Gebiete nördlich der Alpen. In Kuens bei Meran ließ er sich nieder. Papst Gregor II. versprach dem bayerischen Herzog, ihm einen Bischof zu senden. Korbinian sollte nach Freising gehen. Es fiel ihm sehr schwer. Den Bitten des Papstes und dem Drängen des Herzogs gab er schließlich nach. Was er vorfand, war alles andere als ermutigend. Die einen Bajuwaren befanden sich noch im Heidentum und die anderen, die schon Christen waren, konnten nur schwer von ihren heidnischen Bräuchen lassen.

Mehrfach pilgerte der Freisinger Bischof nach Rom, um Rat zu holen und an den Gräbern der Apostel zu beten. Auf einer dieser Reisen stellte sich ihm in den Alpen ein wilder Bär in den Weg und zerfleischte das Reittier des Heiligen. Wie die Legende berichtet, hat Korbinian den Übeltäter ins Gebet genommen. Voller Zerknirschung habe der sich darauf dem Bischof als Reittier zur Verfügung gestellt. Korbinian wird deshalb gerne mit dem Bären dargestellt.

Eine viel größere Auseinandersetzung bahnte sich mit dem Freisinger Herzogshof an. Die Ehe des Herzogs war nicht in Ordnung. Korbinian mahnte und beschwor Herzog Grimoald, Piltrudis zu entlassen. Ohne Erfolg. Als der Herzog gar das eben von Korbinian gesegnete Brot seinem Hund zum Fraß vorwarf, packte den Bischof ein heiliger Zorn und er stieß den Tisch um, so daß das Geschirr und die Speisen auf dem Boden lagen. Korbinian verließ Bayern und zog sich nach dem stillen Kuens in Südtirol zurück.

Nach dem Tod Grimoalds kamen Abgesandte des neuen bayerischen Herzogs und baten Korbinian, er möge wieder zurückkehren. Auch aus Rom kamen Briefe, die den Wunsch des Herzogs unterstützten. Schwerzen Herzens kehrte er auf dem Domberg zurück, aber schon bald starb er.

Die Forscher zählen Korbinian nicht zu den großen Gestalten der Kirchengeschichte, aber das bayerische Volk hat diesem frommen Bischof mehr geschätzt als dieser selber es wahrhaben wollte. Korbinian bemühte sich, seine Pflicht zu erfüllen, so weit es in seinen Kräften lag, damit hat er die Herzen eines Menschenschlages erobert, dessen rauhe Schale einen guten Kern birgt.

Die Krabbe mit dem Kreuz

Der hl. Franz Xaver

Als der König von Portugal Ignatius von Loyola bat, ihm sechs von seinen Jesuiten zu überlassen, damit sie den christlichen Glauben bei den Portugiesen in Indien festigten und den Indern die frohe Botschaft verkündigten, hatte der Ordensgründer nur zwei Leute zur Verfügung, von denen einer zwei Tage vor Aufbruch schwer erkrankte. Kurz entschlossen schickte Ignatius daraufhin seinen besten Mann, Franz Xaver, nach Portugal. Der König stattete ihn mit großen Vollmachten aus und der Papst ernannte ihn zu seinem Legaten.

Nach einer langen Seereise landete er im Mai 1542 in Goa. Seine erste Sorge galt den Portugiesen: Christen, die ihren Glauben nicht lebten, betrachtete er als Haupthindernis für die Bekehrung der Inder. Die Portugiesen machten es ihm nicht leicht. Sie wollten reich werden und ein schönes Leben führen. Die Gebote Gottes hätten sie am liebsten außer Kraft gesetzt. Franz Xaver erinnerte sie an ihre Verantwortung. Aber sehr bald erkannte er, daß bei vielen eine geringe Bereitschaft vorhanden war, ihr Leben zu ändern. Das Wort Jesu im Ohr: „Wenn man euch nicht aufnimmt, schüttelt den Staub von euren Füßen und zieht in eine andere Stadt", handelte der päpstliche Legat. Er ging in den Süden Indiens und hatte kein anderes Ziel, als den Menschen die frohe Botschaft zu verkünden und sie zu taufen. Sein beständiges Gebet lautete. „Herr, gib mir Seelen, alles andere nimm!" Mit Hilfe eines Dolmetschers suchte er seinen Hörern die Grundwahrheiten des christlichen Glaubens zu erklären. Er bemühte sich auch, selbst die Sprache zu erlernen, um auf diese Weise einer der Ihren zu werden. Mit einem Kreuz in der Hand schilderte er die Liebe Gottes zum Menschen: „So sehr hat Gott uns geliebt, daß er seinen Sohn in die Welt sandte. Er ist am Kreuz für uns gestorben. Er hat uns erlöst und den Himmel geöffnet". Franz Xaver wurde nicht müde, auf die Notwendigkeit der Taufe hinzuweisen. Wer sich taufen läßt, der gehört zu Jesus und der darf mit Jesus auferstehen.

Viele wollten getauft werden, um zum ewigen Leben zu gelangen. Zuvor mußten sie allerdings das Kreuzzeichen lernen, denn mit dem Kreuzzeichen bekennt der Christ seinen Glauben an den dreieinen Gott: den Vater, der alles erschaffen hat, den Sohn, der uns am Kreuz erlöst hat, und den

Heiligen Geist, der uns heilig macht. Als nächsten Schritt lehrte Franz Xaver sie das Vaterunser, das Gebet, das Jesus seine Jünger gelehrt hat. Dann ging es an das Glaubensbekenntnis. Das „Gegrüßet seist du, Maria“ und „Ehre sei dem Vater“ folgten. Jetzt konnte er ihnen die Geheimnisse des Rosenkranzes beibringen und damit die Hauptstationen im Leben Jesu. Wenn sie dann noch die Zehn Gebote beherrschten, sah er keinen Grund mehr, noch länger mit der Taufe zu warten. Die Begeisterung des Missionars ging auf seine Hörer über. Viele ließen sich taufen. Franz Xaver aber zog weiter. Er ging nach Malakka und auf die Molukken. Bei der stürmischen Überfahrt verlor Franz Xaver sein Kreuz, das ihn seit seinem Aufbruch aus Rom begleitet hatte. Als er schließlich wohlbehalten gelandet war, machte er einen Spaziergang am Ufer. Er traute seinen Augen nicht, als er sah, daß eine Krabbe sein Missionskreuz auf dem Rücken herantrug. Er sah dies als einen weiteren Hinweis, daß auf seinem Wirken Gottes Segen ruhe. In einem Brief an Ignatius schrieb er: „Ich glaube, diejenigen, die das Kreuz Christi, unseres Herrn, lieben, ruhen aus, wenn sie in Beschwerden kommen, und sterben, wenn sie davor fliehen. Welcher Tod ist so bitter wie das Leben dessen, der Christus verläßt, nachdem er ihn erkannt hat.“ Franz Xaver scheute weder Mühen noch Gefahren, wenn es darum ging, den Glauben zu verkünden. 1549 kam er nach Japan. Er gesteht, daß es ihm sehr schwer fällt, diese Sprache zu erlernen. 40 Tage habe es ihn gekostet, sich die Zehn Gebote einzuprägen. So schreibt er an Ignatius von Loyola. Es dauerte ein Jahr, bis der Brief nach Rom gelangte, und Franz Xaver wartete auf einen Brief seines Ordensoberen, aber es kam keiner. Dies lag nicht daran, daß Ignatius nicht geschrieben hätte, sondern an der Unzulänglichkeit der damaligen Nachrichtenübermittlung.

In Japan, in dem der Missionar nicht mehr die gleichen Erfolge hatte wie anderwärts, erkannte er, daß der Schlüssel zur Bekehrung Asiens in China liegt. Deshalb entschloß er sich, in das Reich der Mitte zu gehen, das allerdings jedem Europäer den Zutritt verweigerte. Mit Hilfe von Schmugglern wollte er in das Land kommen. Allerdings ereilte ihn vor den Toren Chinas, auf der Insel Sanzian, erst 46 Jahre alt, am 3. Dezember 1552 der Tod. Es war ein armes Sterben. Franz Xaver starb ohne priesterlichen Beistand, ohne Wegzehrung, den Blick auf das Kreuz gerichtet. Sein chinesischer Begleiter berichtet, er habe noch sterbend gepredigt und immer wieder den Namen Jesus ausgesprochen. Sein Missionskreuz, das die Krabbe gerettet hatte, war ihm zum Trost in der Todesstunde geworden.

Der Bischof mit dem Bienenkorb

Der hl. Ambrosius

Bischof Ambrosius von Mailand zählt zu den am häufigsten dargestellten Heiligen. Er ist einer der vier abendländischen Kirchenväter. Man erkennt ihn am Bienenkorb, den ihm die Künstler als Symbol beigegeben haben. Ambrosius ist der Patron der Bienenzüchter, obwohl er selber kein Imker war. Wie kam er trotzdem zu seinem Bienenkorb?

Ambrosius war ein hervorragender Prediger. Der in Trier geborene Sohn eines hohen römischen Staatsbeamten verlor sehr früh seinen Vater. Die Mutter kehrte mit ihren drei Kindern nach Rom zurück. Ambrosius sollte wie der Vater in den Staatsdienst treten. Neben der Rechtswissenschaft gehörte damals die Rheotrik, die Kunst der Rede, zur Ausbildung. Kaum hatte Ambrosius mit glänzendem Ergebnis sein Studium abgeschlossen, machte er Karriere in der kaiserlichen Verwaltung. Mit 30 Jahren wurde er Präfekt von Mailand. Obwohl er aus einer christlichen Familie kam, hatte er die Taufe noch nicht empfangen. Dies hing mit der damaligen Auffassung zusammen, die Taufe möglichst weit hinauszuschieben, um sicher zu gehen, im Stande der Gnade zu sterben. Als Präfekt hatte Ambrosius für Ruhe und Ordnung zu sorgen. Dies war nicht immer leicht. Besonders schwierig wurde die Lage, als der Bischof von Mailand gestorben war und ein Nachfolger gewählt werden sollte.

Es fehlte nicht an Kandidaten. Die Parteien hatten sich formiert. Progressive Arianer und konservative Katholiken beanspruchten den Bischofsstuhl. Es wurde ein förmlicher Wahlkampf geführt. Als die Wahlversammlung zusammentrat, suchte Ambrosius für Ruhe und Ordnung zu sorgen und einen geregelten Ablauf der Bischofswahl zu gewährleisten. Er ergriff das Wort. Man hörte ihm zu. Man mußte ihm recht geben. Als ein Kind rief: „Ambrosius – Bischof", da hielt die ganze Wahlversammlung dies für einen Wink Gottes und alle stimmten in den Ruf ein: „Ambrosius – Bischof!" Ambrosius zögerte, doch dann sprach er sein Ja. Innerhalb einer Woche empfing er die Sakramente der Taufe, der Firmung, der Kommunion und der Priesterweihe, um dann am 7. Dezember 374 die Bischofsweihe zu erhalten.

Sein großes Vermögen verschenkte er an die Armen. Aus dem Juristen wurde ein Theologe, aus dem Beamten ein Seelsorger, aus dem Politiker ein Sachwalter Gottes und der Kirche. Zu seinen Predigten strömte ganz Mailand. Schon bald gab man ihm den Beinamen: „honigfließender Redner“, nicht etwa weil er den Hörern Honig um den Mund strich, sondern weil er die Fähigkeit besaß, anschaulich zu formulieren und gleich einer Biene in jedem Thema den „Honig“ zu finden, der dem Hörer schmeckte. Freilich nicht alles schmeckte seinem Publikum. Die Damenwelt mußte sich wegen ihrer Hoffart einiges gefallen lassen. Mit Ironie sprach er über die bemalten Gesichter und die zerstochenen Ohren. Die Kaiseirn Justina ließ er wissen: „Die Paläste gehören dem Kaiser, die Kirchen dem Priester.“ Er prangerte das Blutbad an, das Kaiser Theodosius in Saloniki angerichtet hatte. 3000 Frauen und Kinder waren einem Racheakt zum Opfer gefallen. Ambrosius verweigerte dem Kaiser den Zutritt zur Kirche, und der Kaiser beugte sich. Erst als er im Bußgewand zum Ostergottesdienst kam und öffentlich seine Schuld beteuerte, ließ ihn der Bischof wieder zu den Sakramenten gehen.

Der Ruf des „honigfließenden Redners“ zog auch den Professor für Rhetorik Augustinus an. Durch die Predigten des Mailänder Bischofs fand er zum Glauben. Ambrosius taufte ihn in der Osternacht des Jahres 387. In dieser Nacht singt der Diakon den Lobpreis auf die Osterkerze, das Exsultet. Bis zum heutigen Tag wird bei diesem Hymnus die Biene erwähnt. Diese Stelle geht auf Ambrosius zurück, der auch zahlreiche Lieder verfaßt hat. Wenn wir von der heiligen Messe sprechen, verwenden wir einen Ausdruck, den Ambrosius erstmals statt dem üblichen „Eucharistia“ angewandt hat: „Missa“.

Ambrosius kannte noch keine Bürozeiten. Man konnte immer zu ihm kommen. Inmitten des Trubels konnte er lesen und seine Predigten vorbereiten. Ambrosius hat sich nicht geschont. Noch auf dem Sterbebett diktierte er seine Gedanken zum Psalm 44. Er kam nur noch bis zum Vers 24, dann starb er. Es war die Osternacht des Jahres 397.

Die Kirche gedenkt des heiligen Ambrosius nicht wie üblich an seinem Sterbetag, dem 4. April, sondern am Tag seiner Bischofsweihe. Es ist die Zeit, in der die Lebkuchen gebacken werden, die man früher auch „Honigzelten“ nannte. Dieses Weihnachtsgebäck möchte ein Vorgeschmack der himmlischen Seligkeit sein, von der Ambrosius „der honigfließende Redner“, so häufig gepredigt hat. Neben den Bienenzüchtern, den Wachsziehern und Bienen, verehren deshalb auch die „Lebzelter“, die Lebkuchenproduzenten, den heiligen Ambrosius als ihren Patron.

27. DEZEMBER

Der Adler des Evangelisten

Der hl. Johannes

Jeder der vier Evangelisten hat ein Symbol: Markus hat den Löwen, Matthäus den Engel, Lukas den Stier und Johannes den Adler. Sie haben ihren Ursprung in einer Vision des Propheten Ezechiel. Die Kirchenväter haben die Symbole den Evangelisten nach den Anfängen ihrer Evangelien zugeordnet. Das Markusevangelium beginnt in der Wüste mit der Taufe durch Johannes. Der Löwe ist der König der Wüste. Da war es naheliegend, dem heiligen Markus den Löwen beizugeben. Matthäus beginnt mit der Verkündigung des Engels Gabriel an Maria, deshalb hat er den Engel als Symbol erhalten. Beim Evangelisten Lukas wird das Evangelium mit dem Opfer des Zacharias begonnen. Der Stier gehört zu den Opfertieren, und so kam Lukas zum Stier. Johannes kreist wie ein Adler in seinem Prolog um das Thema der Menschwerdung des Gottessohnes. Entsprechend hat er den Adler als sein Symbol bekommen.

Der Adler ist der König der Lüfte. Ihm gleicht der Apostel Johannes. Er ist in seinen Texten der hochfliegende theologische Denker. Sowohl sein Evangelium wie auch die Geheime Offenbarung sind dafür Beweis. Johannes war der Jüngste unter den Aposteln und erreichte ein biblisches Alter. Er sei, so wird überliefert, über hundert Jahre alt geworden. Als einziger der Apostel erlitt er nicht den Martertod. Johannes war nicht nur der Jüngste unter den Aposteln, er war Jesus auch offenkundig der Liebste. Für Johannes war es eine unvergeßliche Stunde, als er Jesus erstmals begegnet ist. Es war um die zehnte Stunde, als Jesus ihn und Andreas, den Bruder des Simon Petrus, einlud, mit ihm zu kommen. Jesus rief ihn dann in seine unmittelbare Nachfolge, zusammen mit seinem älteren Bruder Jakobus. Johannes durfte Jesus begleiten, seine Predigten hören, seine Wunder erleben. Jesus nahm Johannes mit auf den Berg Tabor, wo er verklärt wurde. Jesus nahm Johannes mit zu dem todkranken Töchterlein des Synagogenvorstehers Jairus, das Jesus wieder zum Leben erweckte. Johannes hatte am Ölberg seinen Platz ganz nah bei Jesus, aber er schlief ein wie auch Petrus und Jakobus.

Auf Golgotha sah man keinen von den Jüngern Jesu mehr. Sie wollten nicht Zeugen der Kreuzigung sein. Sie wollten nicht in Gefahr geraten, auch noch verhaftet zu werden, denn der Hohe Rat war schnell im Fällen von Todesurteilen, und die Römer ließen sich als willige Helfer mißbrauchen. Die gleichen Römer waren stolz auf ihr Gerichtswesen. Überall, wo der römische Adler das Sagen hatte, gab es Prozesse mit Anklage und Verteidigung. Das hatte auch Jesus erfahren, selbst wenn Pontius Pilatus, der römische Landpfleger, aus Angst vor den Juden einen Justizmord beging. Johannes steht als einziger von den Aposteln unter dem Kreuz. Ihm vertraut Jesus die Mutter an. Hier wird auch deutlich, daß Jesus keine Geschwister gehabt haben kann, denn sonst hätte er die Mutter einem seiner Brüder anvertraut. Die Überlieferung erzählt, daß Johannes Maria später mit nach Ephesus genommen habe, wo er als Bischof wirkte. In Ephesus entschlief Maria und wurde aufgenommen in den Himmel.

Johannes wäre bereit gewesen, das Martyrium für Jesus zu erleiden. Darüber berichtet das Evangelium. Die Mutter der beiden Zebedäussöhne Jakobus und Johannes kam zu Jesus und sagte: „Ich bitte dich für meine beiden Söhne. Gib ihnen die Plätze in deinem Reich zu deiner Rechten und Linken": Mit anderen Worten, die Mutter möchte Ministerposten für ihre Söhne im Reich Christi. Da stellt Jesus die Frage: „Können sie den Kelch trinken, den ich trinken werde?", und damit ist nichts anderes als Jesu Leiden und Sterben gemeint. Darauf geben die beiden Apostel, die man wegen ihres Temperamentes „Donnersöhne" nennt, zur Antwort: „Wir können es." Das war schon sehr selbstbewußt. Jesus mußte ihnen allerdings sagen, daß die Plätze zur Rechten und Linken der himmlische Vater vergibt. Der temperamentvolle und selbstbewußte Johannes wurde mit zunehmendem Alter immer gütiger. Eine Forderung, wie er sie in jungen Jahren erhoben hat, als man die Apostel in einem Dorf nicht gut aufnahm: „Da muß Feuer vom Himmel fallen und diese Ungläubigen vernichten", wäre beim alten Johannes undenkbar gewesen.

Im Alter beschränkte sich seine Predigt nur noch auf den einen Satz: „Kinder, liebt einander!" Damit wären wir wieder beim Adler. Was gibt es größeres als die Liebe? Was gibt es Stärkeres als die Liebe? Man sagt dem Adler die besten Augen nach. Niemand sieht besser als der Liebende, denn er blickt auf das Gute im anderen. Um die Liebe kreist das Denken des alten Apostels, wie der Adler seine Kreise zieht, um schließlich sein Ziel zu erreichen. Das Ziel des Johannes war das Aufsteigen in den Himmel, um ewig bei Jesus zu sein in der Anschauung Gottes, wie er sie in seinen Visionen der Apokalypse erfahren durfte.